Märchen
machen
stark

Geschichten gegen Kinderängste
und Alltagssorgen

Melanie Medla
Daniel Reinemer

Über die Autoren

Melanie Medla, Heilpraktikerin für Psychotherapie, arbeitete als Rettungsassistentin und Krankenschwester in der Kinderintensivpflege. Nach mehrjähriger psychologischer Studien- und Fortbildungszeit praktiziert sie heute in eigener psychotherapeutischer Praxis nahe Augsburg. Ihre therapeutischen Schwerpunkte liegen im Bereich der Körpertherapie, Kinesiologie sowie der tiefenpsychologisch fundierten Märchenarbeit und Märchenpädagogik. In individuellen Vorträgen, Seminaren und Workshops vermittelt sie die Hintergründe der Märchenarbeit und macht diese Form der Pädagogik erfahrbar.
www.praxis-medla.de

Daniel Reinemer, Heilpraktiker, studierte Medizin und Naturheilkunde in München. Am C.-G.-Jung-Institut Zürich absolvierte er eine mehrjährige Weiterbildung in analytischer Psychologie. Er praktiziert in eigener Praxis in München, hält Vorträge und Seminare über Märchen und Mythen, Träume sowie allgemeine psychologische Themen und ist Dozent an verschiedenen Instituten in Deutschland. Sein Arbeitsgebiet liegt in der psychotherapeutischen Behandlung, Beratung und Supervision unter Einbezug und Förderung von Kreativität.
www.praxis-reinemer.de

compact via ist ein Imprint der Compact Verlag GmbH

© Compact Verlag GmbH
Baierbrunner Straße 27, 81379 München
Ausgabe 2014

Text: Melanie Medla, Daniel Reinemer
Chefredaktion: Dr. Matthias Feldbaum
Redaktion: Anja Fislage
Produktion: Frank Speicher
Abbildungen: siehe Bildnachweis S. 224
Titelabbildung: Birgit Boley
Gestaltung: h3a GmbH, München
Umschlaggestaltung: h3a GmbH, München

ISBN 978-3-8174-9431-6
381749431/1

www.compactverlag.de

Vorwort

*M*ärchen zurate ziehen, wenn ein Kind sich mit Ängsten und Sorgen plagt – das ist eine fast schon in Vergessenheit geratene Tradition. Sind es doch diese zauberhaften Geschichten, die all das Wissen und die Erfahrungen unserer Völker im Umgang mit solchen Herausforderungen beinhalten.

Märchen sind weder an Zeit noch an Raum gebunden. Sie erzählen in eigentümlicher Sprache, bunten Bildern und Symbolen, was die Menschen seit jeher bewegt und antreibt. Ängste, Trauer, Sorgen, Familie, Beruf, Liebe, Glück, Mut, Sinnhaftigkeit und die Suche nach dem ganz persönlichen Platz im Leben sind die Themen, die Kinder und Erwachsene aller Kulturen gleichermaßen beschäftigen.

Immer gibt es einen Helden, der sich Herausforderungen stellen darf, um daran zu wachsen und seine Lebenssituation zu einem glücklichen Ende zu führen.

Manche Märchen enden ja gar nicht glücklich, sagen Sie? Da haben Sie recht. Und doch: Auch Einsichten in den Lauf des Lebens und die unabänderlichen Situationen, die manchmal so schwer zu ertragen sind, bringen unsere Sorgen und Ängste zum Schweigen und lassen uns ein tieferes Verständnis für den Sinn des Lebens finden.

Dieser Ratgeber soll Ihnen helfen, den Schatz der Märchen mit Freude und Spannung (wieder) zu entdecken, selbst zum Geschichtenerzähler zu werden, und Ihnen durch überlieferte und bekannte Volksmärchen Möglichkeiten an die Hand geben, Ihrem Kind durch schwierige Lebenssituationen und Herausforderungen auf dem Weg zum Erwachsenwerden zu helfen.

Begleiten Sie Ihr Kind mithilfe dieses Buches und der Märchenhelden liebevoll in seiner Entwicklung zu einem starken, selbstbewussten und selbstbestimmten Menschen.

Wir wünschen Ihnen viel Freude dabei!

Inhalt

Einführung

E s war einmal …" Diese Worte öffnen das Tor zu einer Welt voll Zauber, Magie und Hoffnung, einer Welt, in der aus Fröschen Könige werden und aus den Kleinsten mutige Helden. Erfahren Sie, was genau das Wesen des Märchens ausmacht, warum Märchen und ihre Helden Kinder stark fürs Leben machen und wie Sie Märchen mit Ihren Kindern kreativ umsetzen können.

Zu diesem Buch

Märchen bieten Kindern genau wie Erwachsenen die Möglichkeit, sich in einer Zauberwelt spielerisch mit schwierigen Situationen zu beschäftigen und dafür Lösungen zu entdecken oder zu entwickeln. Je nach Alter, Lebenserfahrung und Herangehensweise lassen sich in den Märchen unterschiedliche Themen finden.

Für dieses Buch wurden deutsche Volksmärchen nach den Brüdern Grimm ausgewählt, an denen jeweils ein besonderes Thema dargestellt und verdeutlicht wird. Die Sprache der Märchenfassungen wurde stellenweise leicht verändert, um für Kinder gut verständlich zu sein, bleibt jedoch sehr stark am Original. Volksmärchen eignen sich besonders gut, um Hilfestellung und Rat für das eigene Leben sowie Hoffnung und Selbstvertrauen zu bekommen. Wieso das so ist, erfahren Sie im Abschnitt *Schneewittchen, Rapunzel & Co – wie Märchen und ihre Helden stark fürs Leben machen* auf Seite 17 ff.

Die Inhalte dieses Ratgebers

Anhand 15 deutscher Volksmärchen werden Ihnen folgende Themen vermittelt:

* Lügen *(Rumpelstilzchen)*
* Angst *(Hänsel und Gretel)*
* Fleiß, Faulheit *(Frau Holle)*
* Geduld *(Frau Holle)*
* Versprechen und Vertrauen *(Der Froschkönig)*
* Anderssein und Behinderung *(Hans mein Igel)*
* Leistungsdruck *(Der Hase und der Igel)*
* Mobbing *(König Drosselbart)*
* Teilen *(Die Sterntaler)*
* Einsamkeit *(Die Sterntaler)*
* Neid *(Schneewittchen)*
* Patchworkfamilie *(Aschenputtel)*
* Respekt *(Die Bienenkönigin)*
* Teamwork *(Die Bremer Stadtmusikanten)*
* Tod *(Die Boten des Todes)*
* Trauer *(Jorinde und Joringel)*
* Achtsamkeit *(Der Wolf und die sieben jungen Geißlein)*

Jedes Thema ist mit allgemeinen Hintergrundinformationen und Tipps ausgeführt. Sie bekommen Anregungen an die Hand, wie Sie die Botschaft des Märchens mit Ihrem Kind besprechen und kreativ umsetzen können. Außer dem Märchentext selbst finden Sie eine Märchendeutung in Bezug zum Thema, Fragen an Kinder zum Märchen sowie praktische Übungen und Spiele, die Sie neben der Arbeit mit den Märchen unterstützend begleiten sollen. Diese Übungen und Spiele sind darauf

zug zum Themenkapitel verdeutlichen, finden Sie in der jeweiligen Märchendeutung. Lernen Sie mithilfe dieses Ratgebers, Märchen mit neuen Augen zu sehen und Ihrem Kind liebevolle Hilfestellung in seiner Entwicklung zu geben.

Bei anhaltenden oder tiefer gehenden Problemen scheuen Sie sich bitte nicht, fachliche Hilfe in Anspruch zu nehmen. Auch wenn sich psychologische und psychotherapeutische Ansätze entdecken lassen, ersetzt dieser Ratgeber keine Therapie.

ausgelegt, kreativ zur Stärkung der Persönlichkeit oder Bewältigung schwieriger Lebenssituationen beizutragen.

Am Ende des Buches erhalten Sie Hinweise, welche Botschaften noch in den jeweiligen Märchen zu entdecken sind und welche Märchen außer den hier ausgewählten noch für die „Bearbeitung" der Themen geeignet sind. Gerade wenn ein Kind das hier ausgewählte Märchen vielleicht nicht gern mag, kann es hilfreich sein, weitere zur Auswahl zu haben.

Die Verschmelzung von psychologischem Fachwissen mit pädagogischen Ansätzen und kreativer Umsetzung soll Ihnen konkrete Ideen und den Mut an die Hand geben, gemeinsam mit Ihrem Kind in den Märchen auf Entdeckungsreise zu gehen.
Dabei werden Sie viele Märchenmotive und Symbole entdecken, die Sie spontan einordnen können, aber auch manches, was Sie vielleicht erst einmal neugierig macht. Die Motive und Symbole, die Ihnen den Märcheninhalt in Be-

Das richtige Märchen?

Märchen sind vielschichtig und wirken auf einer Ebene, die sich nicht ohne Grund meist unserem bewussten Zugriff entzieht. Die hier verwendeten Märchen sind Beispiele, um mithilfe eines Märchens an ein bestimmtes Thema heranzugehen. Da jedoch jeder Mensch individuell ist, sollten Sie Ihrem Kind vertrauen, wenn es einem anderen Märchen den Vorzug geben möchte. Auch wenn dieses augenscheinlich nichts mit der aktuellen Situation zu tun hat oder in diesem Buch aufgeführt ist, sollten Sie das gewünschte Märchen so lange wieder und wieder lesen, wie Ihr Kind dies einfordert. Wenn es ein bestimmtes Märchen zu „brauchen" scheint, dann ist es auf jeden Fall gerade ein wichtiger Begleiter der persönlichen Entwicklung oder Problemlösung, auch wenn dies nicht bewusst wahrgenommen wird. Vielleicht haben Sie jedoch Lust, gemeinsam mit Ihrem Kind die hier vorgeschlagenen Kreativarbeiten auch zu dem Wunschmärchen auszuprobieren und sich überraschen zu lassen, ob sich daraus mehr entwickelt.

Der Umgang mit diesem Ratgeber

Wann Ihnen dieses Buch besonders hilft

*A*uch wenn Kinder im Lauf ihres jungen Lebens schon mehr oder weniger bewusst mit vielen Themen dieses Buches konfrontiert wurden, verändert sich das Erleben mit dem wachsenden Verständnis der Dinge. Manches wird infrage gestellt oder intensiver empfunden, die Sicht darauf verändert sich. Ihr Kind erweitert seinen Aktionsradius, wird selbstständiger und erfährt dadurch vielleicht selbst Themen wie Ausgrenzung oder Leistungsdruck. Sein Umfeld verändert sich und auf einmal ist es mit dem Thema Patchworkfamilie konfrontiert. Egal, ob „passiv" durch Miterleben und Beobachten oder „aktiv" durch direktes

Erfahren: Hier kann Ihnen und Ihrem Kind dieser Ratgeber wertvolle Hilfestellung geben.

Natürlich können Sie dieses Buch jedoch auch rein begleitend z. B. zum schulischen Lehrplan nutzen oder um mit Ihrem Kind auch ohne aktuellen Anlass in ein wertvolles Gespräch zu kommen.

Wie Sie dieses Buch nutzen

*D*as Buch ist ein Ratgeber für Sie als Eltern und ein Märchenbuch für Ihr Kind gleichermaßen. Der Ratgeberteil ist dementsprechend nur für Sie als Erwachsenen zur Hintergrundinformation gedacht, Sie sollten ihn Ihrem Kind nach Möglichkeit nicht vorlesen. Märchen wirken am besten, wenn sie ihren Zauber bewahren dürfen. Sollte Ihr Kind das Vorlesen der Hintergrundinformationen einfordern, so sollten Sie wenigstens die themenbezogene Deutung ausklammern, um Ihrem Kind Raum für seine eigene Interpretation und Erfahrungen zu lassen.

Wie Sie sich selbst auf die Märchenarbeit mit Ihrem Kind vorbereiten

* Lesen Sie zunächst die besonderen Hinweise zur Märchenarbeit mit Kindern auf Seite 15 f.
* Wählen Sie die für sich und Ihr Kind passenden kreativen Umsetzungsmöglichkeiten (S. 23 ff.) aus, und legen dafür evtl. Material bereit. Trauen Sie sich, auch Dinge auszuprobieren, die Ihnen auf den ersten Blick ungewohnt erscheinen. Sie und Ihr Kind werden von diesen Erfahrungen profitieren.
* Lesen Sie den allgemeinen Informationsteil zum Thema **ohne** die Deutung des Märchens und dann das Märchen selbst.
* Lassen Sie das Märchen auf sich wirken, bevor Sie den Teil lesen, der Ihnen den Bezug zum Thema herstellt (Deutung).
* Lesen Sie sich die Fragen an Kinder durch. Verändern und ergänzen Sie sie evtl. nach Ihrem eigenen Bedarf und prägen sie sich ein, damit das Gespräch mit Ihrem Kind möglichst ungezwungen abläuft.

Lassen Sie möglichst ein oder zwei Tage verstreichen, bevor Sie mit Ihrem Kind in die Märchenarbeit gehen. Nehmen Sie sich die Zeit, Ihre eigenen Empfindungen zum Märchen wahrzunehmen und sich einleitende Gedanken zur Märchenarbeit mit Ihrem Kind zu machen.

Wie Sie mit Ihrem Kind in die Märchenarbeit gehen

* Schaffen Sie ungestörte Zeit und Raum für sich und Ihr Kind.
* Lesen Sie Ihrem Kind das ausgewählte Märchen vor.
* Setzen Sie eine der Kreativideen um.
* Kommen Sie mit Ihrem Kind über die Fragen ins Gespräch. Falls Ihr Kind ungewohnt einsilbig ist, könnte es sein, dass es noch etwas Verarbeitungszeit braucht. Verschieben Sie das Gespräch einfach auf später oder einen anderen Tag.
* Wählen Sie gemeinsam mit Ihrem Kind zu Ihnen passende Vorschläge aus dem jeweiligen Übungs- und Spieleteil aus und überlegen Sie, wie diese gewinnbringend umzusetzen sein könnten.

Für die Bearbeitung eines Themas bzw. eines Märchens dürfen Sie sich Zeit geben. Das Lesen des Märchens und die erste kreative Umsetzung gehören unmittelbar zusammen, weitere Gespräche dürfen „wachsen". Das Märchen wirkt in tiefen Schichten des Bewusstseins und es dauert manchmal ein wenig, bis Gedanken, Fragen und Erkenntnisse wie Luftblasen an die Oberfläche steigen. Sollte Ihr Kind nach dem Lesen keine Lust auf die kreative Umsetzung haben, vertagen Sie das einfach auf den nächsten oder übernächsten Tag. Sie sollen schließlich Spaß und Freude daran haben. Motivationsschub: Einzelkindern hilft es oft, Freunde zur gemeinsamen Märchenzeit einzuladen. Wenn Sie in der Märchenarbeit geübt sind, werden Sie feststellen, wie sehr sich kreative Umsetzungen direkt nach dem Lesen und nach ein oder zwei Tagen Pause unterscheiden können. Das eine ist nicht schlechter als das andere – beobachten Sie es einfach nur mit offener Neugier und Spannung.

Wo bitte geht's zum Märchenwald?

D er Rahmen, in dem das Märchen zu Ihrem Kind kommt, ist genauso wichtig wie das Märchen selbst. Die liebevolle Zuneigung und die exklusive Zeit, die Sie Ihrem Kind schenken, ist bereits ein bedeutender Teil des Weges.

Die „richtige" Zeit für Märchen …

… will in unserem vollen Tagesablauf entdeckt und geschaffen werden. Oft bietet sich der spätere, weil meist ruhigere Nachmittag an oder freie Tage, an denen auch noch Raum für die kreative Umsetzung des Märchens bleibt. Spannend kann es sein, kleine Rate- oder Rollenspiele in den Alltag zu integrieren, z. B. die Kaminasche kehren und dabei Aschenputtel spielen. Ein Schälchen Schokolinsen zu „sortieren", macht jedem Kind Spaß (siehe Spielvorschlag Seite 163).

Wenn Sie Märchen direkt vor dem Schlafengehen erzählen, dann sollten es bereits bekannte sein, die Ihr Kind gern hört. Obwohl das Märchen farbenfroh und manchmal romantisch daherkommt, hat es eine tiefe Wirkung auf Ihr Kind. Es sollte mit freiem Kopf einschlafen und sich nicht bewusst mit dem Märchen beschäftigen.

Der Märchenraum …

… kann einfach überall, drinnen wie draußen, sein, solange Sie nicht durch Telefon oder Klingel gestört werdcn.

Eindrucksvoll wird es, wenn Sie die Umgebung passend gestalten: eine Kerze oder ein Feuer anzünden, eine Decke zum Reinkuscheln

bereithalten, vielleicht auch eine passende Dekoration, die den Bezug zum Märchen herstellt: ein rotbackiger Apfel, ein Lebkuchen, eine alte Spindel etc.

Wenn Sie regelmäßige Märchenzeiten planen, helfen Rituale, die besondere Stimmung herzustellen: ein besonders schönes Märchenbuch, ein bestimmter Kristall, der nur beim Märchenerzählen hervorgeholt wird, eine Märchenpuppe, die Unterstützung gibt, oder eine bestimmte Musik, die Sie ins Märchenland tanzen lässt oder der Sie still lauschen. Finden Sie Ihr eigenes Ritual, das die Märchenzeit heraushebt und zu etwas Besonderem macht.

Vorlesen oder frei erzählen?

Jahrhundertelang wurde das Märchen als freie Erzählung weitergegeben, und auch heute schleppt niemand ständig ein Märchenbuch mit sich herum (obwohl sich das in Zeiten von E-Book-Readern schnell ändern könnte). Beim freien Erzählen wird jedoch leicht etwas vergessen, hinzugedacht oder neu interpretiert; das Märchen wird von der Erfahrung des Erzählers eingefärbt. Um Ihrem Kind das Märchen als Ratgeber und Begleiter in der Entwicklung an die Hand zu geben, sollten Sie zunächst mit dem Vorlesen der überlieferten Fassungen, wie sie hier im Buch zu finden sind, beginnen.

Volksmärchen, Kunstmärchen, Fabeln und Sagen – Gemeinsamkeiten und Unterschiede

In der Erzähltradition finden sich verschiedene Geschichtenformen, u. a. Volksmärchen, Sagen, Fabeln und Kunstmärchen, die sich in ihrer Form und Herkunft unterscheiden und dabei doch gemeinsame Merkmale aufweisen.

Volksmärchen

In Volksmärchen sind das gesammelte Wissen eines Volkes, die Weisheiten und Erfahrungen, Sehnsüchte, Wünsche sowie allgemeingültige menschliche Werte verborgen. Sie finden sich in allen Kulturen und Zeiten. Über viele Generationen hinweg wurden diese Geschichten mündlich überliefert, sodass nicht mehr nachvollziehbar ist, wann genau sie entstanden oder von wem sie ursprünglich erfunden worden sind. Durch die in eine wundersame Geschichte eingehüllte Lebensweisheit erhielt das Märchen so einen Erziehungsauftrag, der auch heute noch gültig ist.

Im 19. Jahrhundert sammelten die Brüder Grimm die Geschichten, die uns heute aus den *Kinder- und Hausmärchen* bekannt sind. So wurden diese geheimnisvollen Märchen, die im Laufe der vielen Generationen mündlicher Überlieferung sicher oft sprachlich und inhaltlich angepasst wurden, in ihre heute eigentümlich anmutende, typische Sprache und Form gebannt und berühmt.

Kunstmärchen

Im Gegensatz zu Volksmärchen sind Kunstmärchen kein Volksgut. Sie wurden nicht über lange Zeit hinweg mündlich überliefert, sondern von einem eindeutigen Verfasser niedergeschrieben. Der Däne Hans Christian Andersen (1805–1875) ist ein bekanntes Beispiel für einen Autor von Kunstmärchen. Er ließ sich beim Schreiben wahrscheinlich weniger von dem „Erziehungsauftrag" der Märchen inspirieren als vielmehr von den Eindrücken seiner Reisen und dem Wunsch, Kinder und Erwachsene mit seinen Geschichten zu verzaubern.

Fabeln

Diese kurzen Geschichten zeichnen sich meist durch ihre sprechenden Tiere aus, die die berühmte „Moral von der Geschicht" schnell und treffend auf den Punkt bringen. Einer der berühmtesten Fabelerzähler der Antike war Aesop (6. Jahrhundert vor Christus), der als unterdrückter Sklave seine Kritik an den Mächtigen des Landes nicht offen aussprechen durfte. Er verpackte menschliche Werte und deren Missbrauch in fabelhafte Geschichten, die am Ende stets eine Lehre bereithielten.

Sagen

Die Sage ist dem Märchen recht ähnlich. Sie wurde ebenfalls in mündlicher Tradition weitergegeben und hat keinen eindeutigen Verfasser. Übernatürliche oder jenseitige Wesen wie Hexen, Feen, Riesen oder Zwerge gehören ebenso zur Sage wie sprechende Tiere oder Pflanzen und der Held der Geschichte als Mittelpunkt. Doch im Gegensatz zum Märchen erhebt die Sage einen gewissen Realitätsanspruch: Die genannten Personen, Begebenheiten oder Handlungsorte existieren tatsächlich, z. B. das Riesengebirge mit seinem Rübezahl, der berüchtigte Rattenfänger von Hameln, der besungene Loreleyfelsen am Rhein oder die geheimnisvollen Nibelungen mit ihrem Schatz. Zwar wurden die Umstände fantasievoll ausgeschmückt und mit übernatürlichen Wesen verknüpft, doch lassen sich einzelne Spuren durchaus nachverfolgen. Die Sage unterscheidet sich in ihren verschiedenen Formen je nach Herkunft, Handlung und handelnden Personen.

Die Märchenarbeit mit Kindern

Die Bandbreite der Möglichkeiten, mit Kindern an Märchen und Märchenmotiven zu arbeiten, ist unglaublich groß. Einige Möglichkeiten stellen wir Ihnen in diesem Buch vor. Sie benötigen dafür weder künstlerische Begabung noch psychologisches oder pädagogisches Wissen. Doch es gibt ein paar Regeln, die Sie unbedingt beachten sollten, wenn Sie Ihrem Kind die wertvolle Schatztruhe der Märchen öffnen.

Erhalten Sie den Zauber der Märchen

Erwachsene sind neugierig, welche Bedeutung sich hinter Symbolen und Motiven verstecken. Doch Ihr Kind benötigt normalerweise keine Erklärungen. Gerade die Grimm'schen Volksmärchen sind so gestaltet, dass Ihr Kind darin eintauchen und sich mit dem Helden identifizieren kann. Eine Erklärung oder

gar Interpretation einzelner Märchenmotive und Symbole würde diesen Zauber zerstören.

Lassen Sie sich ganz auf Ihr Kind ein

Wenn Ihr Kind Bedeutungen erfragt, können Sie ihm diese Frage getrost erst einmal zurückgeben: „Was denkst du denn, was es bedeutet?"

Viel spannender als das, was Sie nachlesen können, ist, was in der Fantasie Ihres Kindes entsteht. Natürlich dürfen Sie ihm danach aber auch Ihre eigene Meinung sagen oder was Sie zu dem Thema wissen.
Wichtig ist jedoch, dass Sie das Märchen nicht mit Ihrem Kind zerpflücken, um ihm eben nicht den Zauber zu nehmen und den Raum seiner Fantasie.

Lesen Sie evtl. noch einmal *Der Umgang mit diesem Ratgeber* auf Seite 10 f., um ein Gefühl für die richtige Balance zu finden.

Vertrauen Sie Ihrem Kind

Trauen Sie Ihrem Kind zu, dass es auch mit grausameren Motiven im Märchen umgehen kann, und lassen Sie diese nicht aus. Was Sie als Erwachsener als grausam empfinden, ist für Kinder oft anders.

Wenn Sie jedoch beim Vorlesen den Eindruck haben, dass Ihr Kind mit der Situation überfordert sein sollte oder es ihm damit nicht gut geht, suchen Sie das Gespräch mit ihm. Erzählen oder lesen Sie das Märchen fertig, um die Auflösung der Situation aufzuzeigen.

Das (gemeinsame) Durchstehen der Angst machenden Märchenabschnitte stärkt das Selbstvertrauen Ihres Kindes und Ihr Verhältnis zueinander.

Mehr zum Thema Grausamkeit im Märchen finden Sie im nächsten Abschnitt *Schneewittchen, Rapunzel & Co – wie Märchen und ihre Helden stark fürs Leben machen* auf den folgenden Seiten.

Schneewittchen, Rapunzel & Co – wie Märchen und ihre Helden stark fürs Leben machen

Das Tor zur Märchenwelt

Eltern fragen sich oft, ob Märchen noch zeitgemäß sind. Sie erzählen von einer Zeit und Begriffen, mit denen Kinder von heute nichts mehr anfangen können. Viele wissen kaum mehr, was eine Spindel[1] ist oder ein Oheim[2]. Doch genau darin liegt auch eine Stärke der Märchen: Sie spielen in einer Zauberwelt, die mit der Wirklichkeit des Alltags scheinbar nichts zu tun hat. Mithilfe wundersamer Formeln wie „Es war einmal …" oder auch „Und wenn sie nicht gestorben sind …" kann diese Zauberwelt nach Belieben betreten und verlassen werden. Sie wirken wie Zauberformeln, die das Tor zur Märchenwelt öffnen. Ein schöner Nebeneffekt: Die alte Sprache geht nicht ganz verloren, sondern darf als kleiner Schatz in uns weiterleben – eben nicht mehr als gebräuchliche Worte, aber als bekannte.

Keine Kassette, CD und auch kein Film können je das Vorlesen oder Erzählen ersetzen. Die Stimmen der Eltern und Großeltern sind vertraut, sie tragen ein Kind bereits sein ganzes Leben lang durch schwierige Situationen. So kann allein der Klang der Stimme schon Sicherheit und Geborgenheit vermitteln, wenn es im Märchen aufregend wird.

---

1 altes Werkzeug zum Drehen des Fadens beim Spinnen
2 veralteter Ausdruck für Onkel

Märchen helfen bei Konflikten

Märchen werden für ein Kind oft wie vertraute Freunde, die es eine lange Zeit begleiten. Nicht nur die Geschichte selbst wird „abgespeichert", sondern auch die damit einhergehenden Gefühle, wenn Mama oder Papa Zeit zum Kuscheln und Vorlesen haben und alles so richtig gemütlich ist. Im Märchen finden sich Kinder mit ihren Sehnsüchten und Hoffnungen wieder, aber auch mit ihren Sorgen und Ängsten. Sie identifizieren sich mit dem Märchenhelden und bestehen an seiner Seite das Abenteuer des Lebens. So erhalten sie auch Impulse für ihren eigenen Weg durch die Herausforderungen des Alltags.

Kein anderes Genre der Literatur versteht es so wie das Märchen, auch „verbotene" Gefühle wie Wut auf die Eltern so spielerisch darzustellen. Eltern geben Regeln und Grenzen vor, die oft noch unverstanden sind und manchmal wehtun. Im Märchen übernimmt diese Rolle oft eine böse Stiefmutter und die ganze Wut darf sich in dieser Zauberwelt ungestraft gegen die „Böse" richten.

In vielen Märchen finden sich Geschwisterkonflikte wieder, die jeder aus dem persönlichen Leben kennt. Neid und Eifersucht, Konkurrenzdenken und das Behaupten der eigenen Stellung sind meist die Themen. Hier

können die Märchen ebenso ein Ventil für die unerwünschten Gefühle darstellen wie bei den Elternthemen auch – oder aber die Botschaft verkünden: „Gemeinsam meistern wir jede Herausforderung!" Einer für alle, alle für einen.

Märchen machen stark

Doch die wichtigste Aufgabe des Märchens ist es, das Vertrauen in sich selbst und die eigenen Fähigkeiten zu stärken. Egal wie klein oder „dumm" der Märchenheld ist, er findet immer einen Weg, um an den Herausforderungen des Lebens zu wachsen und sie zu einem glücklichen Ende zu bringen. Märchen machen stark fürs Leben.

Das Märchen unter der Lupe

Geschichten begleiten und prägen uns wie unsere Familie, unsere Freunde und unsere täglichen Aufgaben. Sie sind Teil unserer ureigenen Lebensgeschichte. Märchen, die uns bewegen und in ihre ganz eigene Welt hineinziehen, sagen somit etwas über uns und unsere momentane Situation aus. So z. B. über

unsere Ängste, unsere Wünsche und Sehnsüchte oder darüber, in welche Welt wir uns gern flüchten würden. Bei Kindern ist dies sehr gut zu beobachten, wenn sie ein bestimmtes Märchen über eine bestimmte Zeit hinweg immer wieder erzählt bekommen wollen. Kinder spüren intuitiv und zeigen uns ganz genau, wo sie stehen und was für sie wichtig ist. So wollte etwa ein Kind mit einer schweren Kopfverletzung, wegen der es oft schläfrig war, jeden Tag von seiner Mutter das Märchen *Dornröschen* hören. Jahre später erzählte der Junge, dass es ihm sehr viel Kraft gab zu hören, wie alle Dinge, die stehen blieben, sich wieder bewegten und Menschen, die einschliefen, wieder aufwachten.

Aber was macht eigentlich das Märchen zum Märchen? Warum sind in der heutigen Zeit Märchen so wichtig für uns und unsere Kinder?

Das Wesen der Märchen

Um dem Phänomen „Märchen" näherzukommen und zu verstehen, warum Märchen für Erwachsene und besonders für Kinder so bedeutsam sind, ist es wichtig, ihren theoretischen Aufbau zu kennen. Max Lüthi, ein wichtiger Märcheninterpret des 20. Jahrhunderts, hat definiert, was ein Märchen zu einem Märchen macht. Für ihn sind Eindimensionalität, Flächenhaftigkeit, Isolation und Allverbundenheit sowie der abstrakte Stil Bestandteile des europäischen Volksmärchens.

Eindimensionalität

Das Märchen unterscheidet zwischen Gestalten und handelnden Personen. Als Gestalten gelten Wesen aus dem Jenseits, wie Hexen, Zauberer und Zwerge, aber auch

Tiere, die Zaubereigenschaften besitzen. Der Märchenheld (die handelnde Person) kennt nicht die zwei Dimensionen von Diesseits und Jenseits, daher sind für ihn sprechende Tiere und Begegnungen mit Gestalten alltäglich und nicht erstaunlich oder wunderlich. Obwohl er selbst eigentlich der diesseitigen Welt angehört, kann er mit ihnen in Kontakt treten und von ihnen sogar Eigenschaften oder Gaben annehmen. Trotzdem bleibt er jedoch immer eine Figur des Diesseits.

Flächenhaftigkeit

Das Märchen verzichtet auf jegliche Tiefengliederung. Die handelnden Figuren und auftretenden Gestalten haben weder ein Innenleben noch Bezug zu Vor- und Nachfahren. Zeit spielt an sich kaum eine Rolle, die gesamte Aufmerksamkeit ist auf das Hier und Jetzt, den Handlungskern, konzentriert.

Gefühle werden nur dann erwähnt, wenn sie direkt zur Handlung beitragen, also einen Zweck haben und etwas Neues auslösen, z. B.

den Kontakt zu jenseitigen Helfern herzustellen oder einen Zauber zu lösen. Wir erfahren nicht, dass Rapunzel gegen Ende des Märchens weint, weil sie so unglücklich ist und wir mit ihr fühlen sollen. Wir erfahren, dass sie weint, weil ihre Tränen nötig sind, um den Prinzen wieder sehen zu lassen und alles zu einem guten Ende zu führen. So wie im Froschkönig auch der Ekel der Prinzessin nur deshalb notwendig ist, um den Frosch so stark an die Wand zu klatschen, dass der Zauber gebrochen wird.

Isolation und Allverbundenheit

Die Figuren haben keine anhaltenden Beziehungen, sondern wandern als Isolierte durch die Welt, z. B. weil keine Eltern mehr da sind oder sie Prüfungen bestehen müssen.

Die Handlungen im Märchen sind voneinander isoliert und die Szenen nur grob umrissen. Ihnen fehlt die Verbindung untereinander. Somit ist jede Episode in sich geschlossen.

Abstrakter Stil

Es war einmal …", „Und wenn sie nicht gestorben sind …", „Zur Zeit, als das Wünschen noch geholfen hat …": Solch starre Formeln charakterisieren den sogenannten abstrakten Stil im Märchen.

Typische und symbolträchtige Zahlen finden sich immer wieder: die 2 (Kinder) in *Hänsel und Gretel*, die 3 (Brüder) in *Die Bienenkönigin*, die 7 (Geißlein) in *Der Wolf und die sieben jungen Geißlein* oder die 12 (Feen) in *Dornröschen*.

Sprachliche („Spieglein, Spieglein an der Wand…") und szenische Wiederholungen (drei Brüder, die nacheinander eine Aufgabe bewältigen müssen) haben etwas Beschwörendes, das sich oft bis ins Erwachsenenalter einprägt, wenn die Einzelheiten eines Märchens oft schon verschwunden sind.

Obwohl in vielen Märchen die zentralen Motive der Brautwerbung und Hochzeit behandelt werden, lassen sich nur versteckt erotische Motive entdecken, wenn z. B. der Frosch im Bettchen der Prinzessin schlafen will. So kommen keine bewussten Assoziationen auf und trotzdem erfasst das Unbewusste das Thema der Intimität.

Besondere Extreme (Polaritäten) zwischen Arm und Reich, Schön und Hässlich usw. bieten eine Möglichkeit zur klaren Identifikation und lassen kaum innere Zerrissenheit zu.

Wenn das Märchen auf die kindliche Psyche trifft

Kinder denken und fühlen genau in diesen Formen, die das Märchen charakterisieren. Deshalb passt das Märchen auch so gut zum Kind.

Ein Kind stellt seine Fantasie normalerweise nicht infrage. Es ist ganz klar, dass Weihnachtsmann oder Christkind existieren, auch wenn sie nicht zu sehen sind, oder dass ein Mädchen gemeinsam mit der befreundeten Fee Abenteuer besteht. Unsichtbare Freunde haben Namen und erhalten nicht selten sogar einen eigenen Teller auf dem Esstisch. Der Märchenheld stellt Fantasiewesen und jenseitige Gestalten ebenfalls nicht infrage. Er wundert sich nicht, wenn die Bäume mit ihm sprechen, ihm ein Zwerg zu Hilfe kommt oder er vom Teufel höchstpersönlich drei goldene Haare holen soll.

Durch schlichte Konditionierung und das Ansprechen der mystischen Seite in uns werden Kinder mittels der bekannten Formeln wie „Es war einmal…" sofort in die Welt der Märchen versetzt. Wie tief diese Verbindung sitzt, wissen Sie wahrscheinlich selbst am besten: Können Sie eine Geschichte mit „Es war einmal…" beginnen lassen, ohne dabei an ein Märchen zu denken?

Auch die Extreme im Märchen, z. B. zwischen Reich und Arm, Schön und Hässlich usw., wie sie vor allem in den Grimm'schen Märchen vorkommen, machen Sinn: Es ist für das Innenleben von Kindern entscheidend, dass eindeutig klar ist, wer der Gute und wer der Böse ist, der Reiche und der Arme etc. Dabei verstehen Kinder intuitiv die Sprache der Märchen, in der „schön" meist „gut" bedeutet und „hässlich" dementsprechend „böse".

So fällt es Kindern, aber auch Erwachsenen enorm leicht, sich mit den Helden zu identifizieren.

Moderne und komplexe Märchen und Geschichten wie Joanne K. Rowlings *Harry Potter* und andere erzählen sehr umfangreich von den handelnden Personen und ihren Innenwelten (Gefühlen, Erfahrungen etc.). So entsteht eine Tiefe, die zwar äußerst spannend und interessant ist, es aber auch deutlich schwerer macht, an die Figuren anzuschließen oder sich gar mit ihnen zu identifizieren.

Sprachliche und szenische Wiederholungen im Märchen machen es Kindern leicht, der Handlung zu folgen und sich darüber hinaus auch selbst, gemeinsam mit dem Helden, auszuprobieren. Geduld und (Selbst-)Vertrauen sind die wertvollen Erfahrungen, mit denen sie auf diese Art schon früh in Kontakt kommen, wenn sie spielerisch mit ihrem Märchenhelden gemeinsam lernen, dass man im Leben oft mehr als einen Anlauf benötigt, um erfolgreich zu sein.

Die Grausamkeit im Märche

Viele Eltern zögern, ihren Kindern Märchen vorzulesen, in denen Hexen verbrannt, Augen ausgehackt und Füße verstümmelt werden. Die Angst, Kinder dadurch zu erschrecken und in der Entwicklung zu beeinträchtigen, sitzt tief. Bereits in den späten 1960er- und vor allem in den 1970er-Jahren wurden Stimmen laut, Märchen (v. a. die Grimm'schen Volksmärchen) wegen ihrer Grausamkeit zu verbieten.

Märchenverfechter halten jedoch mit guten Argumenten dagegen:

Kinder können durch Märchen in der sicheren Umgebung des Elternhauses Kontakt mit einer Welt aufnehmen, die eben nicht nur schön, sondern auch grausam ist. Ein Blick in die Nachrichten beweist, dass Märchen nur in knappen Worten zum Ausdruck bringen, was in unserer Welt passiert. Das Märchen zeigt Kindern, dass das Leben manchmal ungerecht und schwer ist, dass es aber eben auch Hoffnung gibt und selbst der Kleinste das Blatt zum Guten wenden kann.

Zudem empfinden Erwachsene die Schilderungen des Märchens, geprägt durch viele Erfahrungen sowie konkrete Bilder und Geräusche aus dem Fernsehen, als besonders schlimm: Sie hören nicht nur, dass die Hexe verbrannt wird, sondern „erleben" auch deren Schreie und Schmerzen. Dies tun Kinder normalerweise nicht, für sie bleibt alles abstrakter.

Hinzu kommt, dass Kinder eher in Extreme wie Gut und Böse unterteilen und es nicht als grausam empfinden, wenn der Held beispielsweise dem Wolf den Bauch aufschneidet. Für das Kind überwiegt das symbolische Motiv,

dass das Gute über das Böse siegt; die eigentliche Grausamkeit der Handlung tritt dadurch in den Hintergrund.

Vielleicht kennen Sie folgende Situation: Sie erzählen oder lesen Ihrem Kind ein Märchen vor. Dann kommt die schwierige, angstvolle, vielleicht auch grausame Situation in der Geschichte. Ihr Kind verkriecht sich immer weiter unter der Decke, möchte aber auf jeden Fall die Geschichte weiter hören. Es fiebert mit, wie diese Angst machende Situation schließlich aufgelöst wird, kriecht langsam mit roten Backen wieder unter der Decke hervor und sitzt dann am Ende der Geschichte ganz glücklich neben Ihnen auf der Bettkante. Jubelt vielleicht sogar über den Sieg der Helden. Geschafft! Das Böse ist besiegt!

Märchen wecken in Kindern unterschiedlichste Gefühle und konfrontieren sie dabei mit der ganzen Palette an Emotionen: Wut, Gier, Hass, Neid … Meist sind diese Gefühle in Gestalt von Personen vorhanden, z. B. Hexen oder bösen Schwestern. Diesen Gefühlen kann nie entgangen werden, sie holen einen stets wieder ein. Hinter den sieben Bergen ist immer noch nicht weit genug für Schneewittchen, sie muss dem Neid ihrer Stiefmutter ins Gesicht sehen, bis diese endgültig besiegt ist.

Gemeinsam durch die schwere Situation

Gerade das Erzählen eines nicht ganz einfachen Stoffes kann die Beziehung zwischen Kind und Eltern vertiefen und stärken. Kinder erfahren, dass ihre Eltern mit ihnen gemeinsam durch die Ängste und Gefahren gehen und sie auf ihrem Weg begleiten. Sie dürfen ausprobieren, wie ängstlich oder mutig sie sind, können schwere Aufgaben lösen und sogar den Teufel zum Narren halten. Kinder sind während der Zeit des Märchens die Heldinnen oder Helden. So können sie Erfahrungen machen, die ihnen mindestens Hoffnung, im besten Fall aber ein tiefes Vertrauen in sich selbst und somit ihren Lebensweg geben.

Erwachsene zwischen Realität und Märchenwelt

Auch für Erwachsene bietet das Märchen großes Potenzial. Auch sie waren einmal Kinder, konnten sich alles wünschen und in der Zauberwelt bewegen. Sie müssen nur daran erinnert werden. Tief greifende Erfahrungen aus der Kindheit können so angesprochen und Werte sowie alte Vorstellungen wieder aktiviert werden. In persönlichen Schwierigkeiten und Lebenskrisen bieten Märchen deshalb eine effektive Hilfestellung. Und die beginnt schon im Kindesalter.

Kreative Umsetzungs-möglichkeiten

Freies Nacherzählen

Benötigtes Material:

Zeit
Aufmerksamkeit

*E*s klingt zwar zunächst einmal sehr leicht, doch es erfordert Ihre ganze Aufmerksamkeit, wenn Ihr Kind ein Märchen frei nacherzählt.

Am besten ist es, wenn Sie zwischen Vorlesen und Nacherzählen eine Pause machen, damit das Nacherzählen nicht zu einem „Nachplappern" einer Geschichte wird, sondern Sie die Informationen erhalten, die Sie und Ihr Kind weiterbringen. Das Märchen darf ruhig erst einmal ein bisschen in Ihrem Kind „arbeiten". Lassen Sie also einen halben Tag oder sogar einen Tag verstreichen. Viel länger sollte es jedoch nicht sein, damit das Märchen präsent bleibt. Vielleicht nutzen Sie die Pause, um ein Bild zum Märchen zu malen, sodass Ihr Kind sich weiter damit beschäftigt.

Und darum geht es beim freien Nacherzählen:

Hören Sie gut zu und korrigieren Sie nicht

Das Ziel ist nicht, das Märchen möglichst genau wiederzugeben, sondern herauszufinden, welche Situationen Ihr Kind besonders beeindruckt haben oder im Innersten anklingen.

Oftmals fällt erst später im Märchen auf, dass beim Erzählen etwas ausgelassen wurde – es wird dann nachgeschoben. Manchmal gleichen Kinder fehlende Erinnerung mit Fantasie aus oder lassen einfach Dinge weg. Lassen Sie das zunächst so stehen und berichtigen Sie nicht, um keinen Leistungsdruck bei Ihrem Kind aufzubauen.

Kommen Sie mit Ihrem Kind ins Gespräch

Intensive Schilderungen, ausgelassene oder sogar veränderte Märcheninhalte lassen sich wunderbar als Gesprächsaufhänger benutzen. Sie könnten z. B. fragen: „Warum ist dir besonders die Stelle im Gedächtnis geblieben, als die Prinzessin den Frosch an die Wand geschmissen hat?" oder „War das im Märchen nicht so, dass der Frosch auch noch vom Teller essen wollte?"

So können Sie erfahren, was in dem Märchen Ihr Kind bewegt und beschäftigt oder womit es nicht gut klarkommt. Je nach Alter kann es sinnvoll sein, darüber nur in der „Märchenwelt" zu sprechen oder das Märchen und die entsprechenden Situationen in die Wirklichkeit des Kindes zu übertragen: „Hast du auch schon erlebt, dass jemand einfach etwas von deinem Essen haben wollte?"

Kreative Gestaltung

Benötigtes Material:

feste Pappe, Tonpapier, Zeitschriften
Schere, Kleber
Märchenwolle und Filzzubehör
einfach alles, was sich zum Basteln eignet

Das Basteln ermöglicht Kindern, auf vielfältige Weise ihrem Erleben oder ihren inneren Bildern Ausdruck zu verleihen. Es ist eine schöne Möglichkeit, ein Märchen eine Weile „lebendig" zu halten, indem es z. B. in Form von Collagen, Mobiles oder selbst gestalteten Märchenbildern und -büchlein greifbar bleibt.

Hier ein paar Anregungen für die kreative Gestaltung:

Collagen

Diese zusammengesetzten Kunstwerke werden aus ausgeschnittenen Worten, Zeitschriftenbildern, selbst gemalten Bildern und vielleicht auch gesammelten Naturmaterialien gestaltet. Hier darf alles zusammengeführt werden, was zum Thema oder zur Situation des Märchens passt. Verwenden Sie als Hintergrund feste Kartonage, um die Collage evtl. aufhängen zu können.

Gefilzte Märchenbilder

Filzen ist modern und auch mit Kindern leicht durchzuführen. Es gibt dazu eine riesige Auswahl an Anleitungen in Fachbüchern und im Internet.

Gestalten Sie mit Ihrem Kind liebevolle und individuelle Bilder, indem Sie Märchensituationen auf ein Tuch nadelfilzen, das Sie dann aufhängen können. Mit jüngeren Kindern ist das Nassfilzen evtl. die geeignetere Variante, da sie sich nicht an spitzen Nadeln verletzen können. Nassgefilzte Bilder werden meist weniger detailliert, dafür bleibt der Fantasie mehr Spielraum. Märchenbilder lassen sich auch schön als Kulisse für das Handpuppentheater verwenden.

Märchenpüppchen

Mittels Märchenwolle und evtl. Biegedraht können zauberhafte Märchenfiguren gestaltet werden. Als Mobile an Zweigen aufgehängt oder bei der Gestaltung von Jahreszeitentischen kommen diese Püppchen wunderschön zur Geltung. Anleitungen hierzu finden Sie ebenfalls in Fachbüchern und im Internet.

Märchenbüchlein …

… können sehr einfach und persönlich gestaltet werden, indem gemalte Bilder, Collagen oder ein (um-)geschriebenes Märchen in die richtige Reihenfolge gebracht, gelocht und dann mit einem Faden zusammengebunden werden, evtl. mit einem Deck- und Rückblatt aus farbigem Tonpapier.

Malen

Benötigtes Material:

leeres Mal-/Zeichenpapier

je nach Belieben: Wachsmalstifte, Ölkreide, Buntstifte, Wasserfarben, Fingerfarben

evtl. Unterlage und Lappen zum Händeabwischen

Kleberolle

Zeit, den Künstler in Ihnen zum Zuge kommen zu lassen. Lassen Sie und Ihr Kind einfach Farben und Formen auf ein Blatt Papier fließen. Vielleicht gibt es ein oder zwei Märchenszenen, die Sie besonders bewegt haben und die Sie nun darstellen. Oder aber es kommen nur Farben oder Formen vor, die Ihrer Gefühlslage oder Stimmung entsprechen. Wahrscheinlich malen Sie nicht die gleiche Szene wie Ihr Kind, doch das ist ganz gut so. Spannend, was sich alles im Märchen entdecken lässt!

Wenn die Bilder fertig sind, hängen Sie sie nebeneinander auf und lassen sie eine Weile auf sich wirken. Wenn es mehrere sind, dann achten Sie auf die Reihenfolge der Szenen, wie sie im Märchen vorkommen.

Sprechen Sie mit Ihrem Kind darüber, was Sie sich jeweils zu dieser Szene gedacht haben oder was die Farben und Formen auf Ihren Bildern wiedergeben und was die Bilder nun beim Betrachten in Ihnen auslösen.

Erweiterungsmöglichkeit

Lassen Sie die Bilder einige Tage hängen und achten Sie darauf, ob sich Ihre Gefühle den Bildern oder dem Märchen gegenüber verändern oder ob Sie das Bedürfnis haben, vielleicht ein neues Bild zu malen und dazuzuhängen.

Beenden Sie diese Zeit mit einer „Bilderkonferenz", bei der Sie mit Ihrem Kind gemeinsam die Bilder abnehmen und entscheiden, was weiter damit geschehen soll. Vielleicht binden Sie daraus ja ein kleines Buch oder gestalten eine Collage.

Wichtig!

Bewerten Sie weder Leistung noch Bildinhalt, erwarten Sie nichts Bestimmtes. So fühlt Ihr Kind sich sicher, seinen Gefühlen Raum geben zu dürfen. Bleiben Sie einfach offen und neugierig!

Rollenspiele

Benötigtes Material:

Alte Kleider, Tücher, Schürzen, Hüte, Krönchen, Stöcke…

Die natürliche Fähigkeit der Kinder, in ihre Fantasiewelt abtauchen und dort jede Rolle einnehmen zu können, trifft hier zweifelsohne auf die meist zunächst etwas hilflose Überforderung seitens der Erwachsenen: „Ich soll eine Hexe spielen?" – Ja!

Überwinden Sie sich, es lohnt sich. Nicht nur für Ihr Kind, sondern auch für Sie. Verwandeln Sie sich in ein Märchenwesen, fühlen Sie sich in diese Rolle hinein und handeln Sie dadurch so, wie Sie es sonst vielleicht nicht tun: aggressiv, ängstigend, verzagend, bittend … Geben Sie Ihrem Kind dadurch die Möglichkeit, auch seine eigene Rolle intensiv zu spüren und dem Problem spielerisch nahezukommen. Begegnen Sie ihm vielleicht einmal in der Rolle der Angst machenden Hexe oder des frechen, ekligen Froschs. Evtl. möchte Ihr Kind auch mal die böse Zauberin sein, um zu sehen, was an deren Macht so besonders ist? Im Rollenspiel ist dies alles möglich.

Nichts sonst lässt uns so intensiv spüren, wie andere sich wohl fühlen mögen oder ein anderes Verhalten sich auf uns auswirkt, wie das eigene direkte Erleben.

Sie dürfen sich dabei gern ans „Drehbuch" halten, aber vielleicht ist es auch ganz spannend, Ihr Kind bestimmen zu lassen, ob eine „Drehbuchänderung" ausprobiert werden soll. Bleiben Sie nur in der Fantasiewelt oder darf die Realität mitmischen?

Im Rollenspiel erfahrene Eltern und Kinder können vielleicht sogar schon die Situation des Märchens in die Realität übertragen und statt der bösen Hexe gleich die zeternde und Angst machende Nachbarin „in den Ofen schieben", sie also durch mutiges Handeln ihrer Macht berauben. Im Rollenspiel können Sie und Ihr Kind dann auch gleich ausprobieren, wie dieses „In-den-Ofen-Schieben" aussehen könnte: Ist es ein bestimmter Satz oder ein anderes, besonderes Verhalten?

So kann das Rollenspiel auf wunderbare Art einen Bogen schlagen zwischen der fantastischen Märchenwelt und der greifbaren Realität.

Handpuppen & Co

> **Benötigtes Material:**
>
> Handpuppen, Marionetten oder andere Spielfiguren
>
> evtl. Material zum Basteln einer kleinen Theaterbühne, wie etwa Holz oder Pappe

*E*ine weitere Alternative ist das Spiel mit Handpuppen o. Ä.

Zwar fehlen die Elemente des Sich-Einfühlens und körperlichen Erlebens von Situationen, die das Rollenspiel so wertvoll machen, doch manche Kinder kommen leichter ins Erzählen, wenn sie sich über ein Medium wie die Handpuppe mitteilen können. Hierzu kann auch zusätzlich eine Bühne oder ein kleines Theater gebaut werden.

Schreiben

Benötigtes Material:

Schreibpapier oder Heft
Stift

Manch einer empfindet zunächst Scheu davor, ein Märchen einfach zu verändern. Doch ein neues Ende, ein anderes Verhalten des Märchenhelden oder hinzuerdachte Märchenwesen können sehr viel Aufschluss darüber geben, wo Ihr Kind steht und was es braucht, um seine Probleme zu lösen.

Übernehmen Sie daher die Rolle des Sekretärs oder lassen Sie Ihr Kind gleich selbst den Stift in die Hand nehmen und schreiben Sie ein Märchen um.

Im Prinzip spielt es keine Rolle, ab welcher Stelle Ihr Kind das Märchen verändert oder was es wo dazuerfindet. In der therapeutischen Praxis geht es meist darum, das Ende selbst zu schreiben. Vielleicht möchte Ihr Kind jedoch schon viel früher im Märchen einsetzen und dann ist das auch gut.

Wenn das Märchen zur Zufriedenheit Ihres Kindes fertig geschrieben ist, finden Sie sicher ein paar Punkte, über die Sie mit ihm ins Gespräch kommen können.

Manchmal tauchen neue Märchenfiguren auf: Warum werden diese hier benötigt? Jemand wird am Ende nicht bestraft oder dem Helden fällt auf seinem Weg eine andere Lösung ein – bewerten Sie nichts, sondern seien Sie ein aufmerksamer Zuhörer und lassen Sie Ihr Kind erzählen, was es beim Schreiben bewegt hat.

Wahrscheinlich finden Sie auf diese Weise heraus, was Ihr Kind braucht, um ein Problem zu lösen: Wer könnte denn vielleicht die Rolle der „guten Fee" im wahren Leben übernehmen? Sie entdecken, welche Ressourcen noch in Ihrem Kind stecken, die Sie fördern dürfen. Dem Helden ist eine andere Lösung eingefallen? Dann muss auch in Ihrem Kind noch eine eigene Idee zur Problemlösung schlummern.

Wenn es sich dabei um Symbole oder Wesen handelt, die Sie nicht kennen oder zuordnen können, lassen Sie Ihr Kind erklären, was es

meint. Vielleicht hat es ja sogar eine Idee, welchem Gegenstand oder welcher Person das in seinem eigenen Leben entsprechen könnte.

Auf jeden Fall setzt Ihr Kind sich durch das Schreiben mit seiner eigenen Fantasie, seinen tatsächlich denkbaren Möglichkeiten und dem Weg des Märchenhelden auseinander – eine Kombination, die es lehrt, Probleme mehrdimensional zu betrachten und auch vermeintlich „fantastische" Möglichkeiten zur Problemlösung in Betracht zu ziehen.

Es war einmal …
15 Märchen und ihre Themen

Dieser Ratgeber ist aus einer unglaublichen Fülle von kreativen Ideen, in der Praxis bewährten Therapiespielen und aus den Erfahrungen und dem Fachwissen von Pädagogen, Therapeuten, Psychologen und nicht zuletzt motivierten Menschen und Eltern entstanden. Jeder Einzelne hat bewusst oder unbewusst einen wertvollen Beitrag zum Entstehen dieses Buches geleistet.

Im ersten Teil haben Sie einiges über Volksmärchen erfahren und Möglichkeiten kennengelernt, wie Sie das Märchen „ans Kind bringen" und kreativ bearbeiten können.

Der zweite Teil dieses Buches widmet sich nun den einzelnen Themen und ihren dazugehöri-

gen Märchen. Lesen Sie das Buch „von vorn nach hinten" oder blättern Sie gleich zu den Kapiteln, die Sie am meisten interessieren. Lassen Sie sich vom Inhalt faszinieren und inspirieren – aber vergessen Sie nicht, dass Sie und Ihr Kind immer die kompetentesten Fachleute für sich selbst sind. Manchmal braucht es beim Blick auf das Problem nur einen kleinen Perspektivwechsel oder ein bisschen Information und Hilfestellung aus der Praxis. Genau hierfür ist dieser Ratgeber gedacht.

Machen Sie sich nun gemeinsam auf den Weg in die Welt der Märchen und lassen sich von den Märchenhelden und ihren ganz persönlichen Herausforderungen erzählen.

Wahrheit und Lüge

Das Sprichwort „Lügen haben kurze Beine" ist wohl jedem noch aus der eigenen Kindheit bekannt und die Geschichte von Pinocchios langer Nase darf oft als Lügenmetapher herhalten – irgendwann wird jeder einmal beim Lügen erwischt und ermahnt. Mark Twain hat ein wichtiges Detail auf den Punkt gebracht: „Tatsachen muss man kennen, bevor man sie verdrehen kann."

Rumpelstilzchen

Es war einmal ein Müller, der war arm, aber er hatte eine schöne Tochter. Eines Tages kam er mit dem König zu sprechen und um sich ein Ansehen zu geben, sagte er zu ihm: „Ich habe eine Tochter, die kann Stroh zu Gold spinnen."

Der König sprach zum Müller: „Das ist eine Kunst, die mir sehr gefällt, wenn deine Tochter so geschickt ist, wie du sagst, so bring sie morgen in mein Schloss, da will ich sie auf die Probe stellen."

Als nun das Mädchen zu ihm gebracht wurde, führte er es in eine Kammer, die ganz voll Stroh war, gab ihr Rad und Spindel und sprach: „Jetzt mache dich an die Arbeit, und wenn du diese Nacht durch bis morgen früh dieses Stroh nicht zu Gold gesponnen hast, so musst du sterben."
Darauf schloss er die Kammer selbst zu und sie blieb allein darin. Da saß nun die arme Müllerstochter und wusste um ihr Leben keinen Rat. Sie verstand gar nichts davon, wie man Stroh zu Gold spinnen konnte, und ihre Angst wurde immer größer, dass sie endlich zu weinen anfing. Da ging auf einmal die Türe auf, und ein kleines Männchen trat herein und sprach: „Guten Abend, junge Müllerin, warum weinst du so sehr?"

Ach", antwortete das Mädchen, „ich soll Stroh zu Gold spinnen und verstehe das nicht." Da sprach das Männchen: „Was gibst du mir, wenn ich es dir spinne?"
„Mein Halsband", sagte das Mädchen. Das Männchen nahm das Halsband, setzte sich vor das Rädchen, und schnurr, schnurr, schnurr, dreimal gezogen, war die Spule voll. Dann steckte es eine andere auf, und schnurr, schnurr, schnurr, dreimal gezogen, war auch die zweite voll. Und so ging es fort bis zum Morgen, da war alles Stroh versponnen, und alle Spulen waren voll Gold.

Bei Sonnenaufgang kam schon der König, und als er das Gold erblickte, erstaunte er und freute sich, aber sein Herz ward nur noch geldgieriger. Er ließ die Müllerstochter in eine andere Kammer voll Stroh bringen, die noch viel größer war, und befahl ihr, das auch in einer Nacht zu spinnen, wenn ihr das Leben lieb wäre. Das Mädchen wusste sich nicht zu helfen und weinte, da ging abermals die Türe auf, und das kleine Männchen erschien und sprach: „Was gibst du mir, wenn ich dir das Stroh zu Gold spinne?"

einen Ring von dem Finger", antwortete das Mädchen. Das Männchen nahm den Ring, fing wieder an zu schnurren mit dem Rade und hatte bis zum Morgen alles Stroh zu glänzendem Gold gesponnen. Der König freute sich über die Maßen bei dem Anblick, war aber noch immer nicht Goldes satt, sondern ließ die Müllerstochter in eine noch größere Kammer voll Stroh bringen und sprach: „Die musst du noch in dieser Nacht verspinnen! Gelingt dir's, so sollst du meine Gemahlin werden." „Wenn's auch eine Müllerstochter ist", dachte er, „eine reichere Frau finde ich in der ganzen Welt nicht."

Als das Mädchen allein war, kam das Männlein zum dritten Mal wieder und sprach: „Was gibst du mir, wenn ich dir noch diesmal das Stroh spinne?"

„Ich habe nichts mehr, das ich geben könnte", antwortete das Mädchen.

„So versprich mir, wenn du Königin wirst, dein erstes Kind."

„Wer weiß, wie das noch geht", dachte die Müllerstochter und wusste sich auch in der Not nicht anders zu helfen; sie versprach also dem Männchen, was es verlangte, und das Männchen spann dafür noch einmal das Stroh zu Gold. Und als am Morgen der König kam und alles fand, wie er gewünscht hatte, so hielt er Hochzeit mit ihr, und die schöne Müllerstochter ward eine Königin.

ber ein Jahr später brachte sie ein schönes Kind zur Welt und dachte gar nicht mehr an das Männchen. Da trat es plötzlich in ihre Kammer und sprach: „Nun gib mir, was du versprochen hast."

Die Königin erschrak und bot dem Männchen alle Reichtümer des Königreichs an, wenn es ihr das Kind lassen wollte, aber das Männchen sprach: „Nein, etwas Lebendes ist mir lieber als alle Schätze der Welt."

Da fing die Königin so an zu jammern und zu weinen, dass das Männchen Mitleid mit ihr hatte: „Drei Tage will ich dir Zeit lassen", sprach es. „Wenn du bis dahin meinen Namen weißt, so sollst du dein Kind behalten."

un besann sich die Königin die ganze Nacht über auf alle Namen, die sie jemals gehört hatte, und schickte einen

Boten über Land, der sollte sich erkundigen weit und breit, was es sonst noch für Namen gäbe. Als am andern Tag das Männchen kam, fing sie an mit Kaspar, Melchior, Balzer und sagte alle Namen, die sie wusste, nach der Reihe her, aber bei jedem sprach das Männlein: „So heiß ich nicht." Den zweiten Tag ließ sie in der Nachbarschaft herumfragen, wie die Leute da genannt würden, und sagte dem Männlein die ungewöhnlichsten und seltsamsten Namen vor: „Heißt du vielleicht Rippenbiest oder Hammelswade oder Schnürbein?" Aber es antwortete immer: „So heiß ich nicht."

Den dritten Tag kam der Bote wieder zurück und erzählte: „Neue Namen habe ich keinen einzigen finden können, aber wie ich an einen hohen Berg um die Waldecke kam, wo Fuchs und Hase sich Gute Nacht sagen, so sah ich da ein kleines Haus, und vor dem Haus brannte ein Feuer, und um das Feuer sprang ein gar zu lächerliches Männchen, hüpfte auf einem Bein und schrie:

,Heute back ich,
morgen brau ich,
übermorgen hol ich der Königin ihr Kind!
Ach, wie gut, dass niemand weiß,
dass ich Rumpelstilzchen heiß!'"

Da könnt ihr denken, wie die Königin froh war, als sie den Namen hörte, und als bald hernach das Männlein hereintrat und fragte: „Nun, Frau Königin, wie heiß ich?", fragte sie erst: „Heißest du Kunz?"
„Nein."
„Heißest du Heinz?"
„Nein."
„Heißt du etwa Rumpelstilzchen?"
„Das hat dir der Teufel gesagt, das hat dir der Teufel gesagt", schrie das Männlein und stieß mit dem rechten Fuß vor Zorn so tief in die Erde, dass es bis an den Leib hineinfuhr, dann packte es in seiner Wut den linken Fuß mit beiden Händen und riss sich selbst mitten entzwei.

Hilfe, mein Kind lügt!

Gerade bei Kindern finden sich Wahrheitsliebe und Gerechtigkeitssinn sehr ausgeprägt, deshalb ist der Schreck für Eltern oft sehr groß, wenn sie ihr Kind beim Lügen erwischen. Aber ab wann ist eine Lüge eine Lüge? Was steckt dahinter und wie geht man damit um – darf sie als sogenannte „weiße Lüge" (siehe unten) vielleicht sogar toleriert werden?

Lüge ist nicht gleich Lüge

Ab ca. sechs Jahren beginnt Ihr Kind, recht genau zwischen Fantasiewelt und Realität zu unterscheiden, und verfügt über genügend Einfühlungsvermögen und abstraktes Denken, um Konsequenzen des eigenen Handelns zu erfassen. Beides ist eine zwingende Voraussetzung, um überhaupt bewusst zu lügen und dadurch negative Konsequenzen vermeiden zu wollen.

Manche Lügen nehmen Sie als Eltern ab jetzt vielleicht sogar erleichtert zur Kenntnis: „Weiße Lügen" aus Freundlichkeit wie „Danke, Oma, für das tolle Geschenk!", das dann im Kinderzimmer heimlich zu den anderen unbeachteten Geschenken ähnlicher Sorte wandert. Hier spürt und weiß Ihr Kind bereits, dass die Wahrheit den anderen verletzen würde, und versucht, dies zu vermeiden.

Überlegen Sie gemeinsam, ob es für solche Gelegenheiten Wege gibt, die Wahrheit zu sagen, obwohl sie möglicherweise den anderen verletzen könnte.

Angst vor Bestrafung, Scham, das Gefühl der Überforderung und das Ringen um Anerkennung sind die häufigsten Gründe für das Lügen. Dabei fühlen sich kleine Lügner gar nicht wohl: Langfristig kommen Unwahrheiten meist doch ans Licht und das schlechte Gewissen plagt viele bis hin zu Albträumen.

Warum lügt mein Kind und was kann ich tun?

Für alle frisch gebackenen „Pinocchio-Eltern" gilt: Nehmen Sie es mit Humor und freuen Sie sich! Ihr Kind zeigt Ihnen, dass es vollkommen normal und gut entwickelt ist. Lügen erfordert das Erkennen und (meist) angemessene Bewerten der Situation, das Abwägen von Möglichkeiten und Konsequenzen,

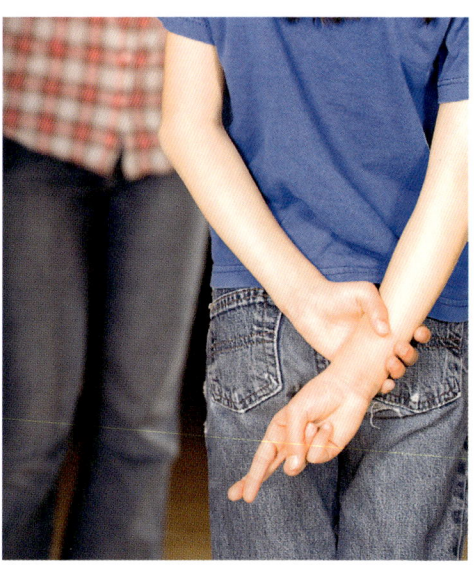

Einfühlungsvermögen und nicht zuletzt die Fähigkeit, sich zu entscheiden und aktiv zu werden.

Und Hand aufs Herz: Wie oft erwischen Sie sich denn bei kleinen und größeren Lügen? Oder besser gefragt: Wie oft erwischt Sie denn Ihr Kind dabei und lernt so von Ihnen?

Wenn Sie Ihr Kind jedoch immer wieder beim Lügen ertappen, bleiben Sie ruhig und erforschen Sie die Hintergründe. Reagieren Sie überraschend, indem Sie nicht bestrafen, sondern z. B. nur erzählen, was die enttarnte Lüge für Gefühle bei Ihnen auslöst. Führen Sie eine „Münchhausenstunde" ein, in der Sie die Balken sprichwörtlich zum Biegen bringen und der Sieger vielleicht sogar die „Baron-Münchhausen-Medaille der Woche" erhält.

Hält jedoch der Hang zur Unwahrheit an, sollten Sie sich auf die Suche nach der Ursache machen, denn dann steckt mehr dahinter als das bloße Ausprobieren neuer Fertigkeiten.

Die häufigsten Gründe für Lügen

Anerkennung

Ihr Kind möchte von anderen geschätzt und respektiert werden, dies gilt besonders auch in Gruppen wie z. B. Schule oder Sportverein. Hat das Kind das Gefühl, dies durch seine eigene Person und Haltung nicht zu erreichen, erfindet es oft Geschichten, um interessanter dazustehen. Dies erzeugt bei Ihrem Kind möglicherweise inneren Druck (siehe Kapitel *Leistungsdruck* Seite 56 ff.).

Zeigen Sie Ihrem Kind, dass es nichts erfinden muss, um in der Familie geliebt und geschätzt zu sein. Helfen Sie ihm, eigene Stärken und Talente zu entdecken, um sich auch anderen selbstbewusst präsentieren zu können – dies gilt besonders in Situationen, in denen Mobbing ein Thema werden könnte.

Überforderung

„Klar hab ich die Hausaufgaben schon gemacht" – oft steckt hinter solchen Lügen keine böse Absicht, sondern das Gefühl der Überforderung. Denn neben den Hausaufgaben ist auch noch das ganze Pensum an

Familienleben, Freundschaften, Sport, Musik etc. zu bewältigen – manchmal wird einfach alles zu viel.

Mit Überforderung geht oftmals Vermeidungsverhalten einher. Vielleicht versucht Ihr Kind, Problemen in einem bestimmten Schulfach aus dem Weg zu gehen? (Diese Strategie geht meist nicht lang gut, da es in der Schule schnell auffällt, dass das Kind im Stoff hinterherhinkt.)

Überlegen Sie gemeinsam, welche Anforderungen an Ihr Kind möglicherweise reduziert werden können. Erarbeiten Sie Strategien, wie Ihr Kind mit dem Druck umgehen kann, ohne lügen zu müssen, und stöbern Sie durch das Kapitel *Leistungsdruck* auf Seite 56 ff. dieses Ratgebers.

Angst

*D*urch Lügen können Kinder drohenden Strafen wie Fernseh- oder Spielverbot, Hausarrest etc. aus dem Weg gehen. Schlechte Noten, Fehler oder Missgeschicke werden verschwiegen, weil das Kind sich nicht sicher genug fühlt, diese ungestraft einzugestehen.

Stärken Sie das Vertrauen Ihres Kindes in Sie, indem Sie jedes Mal überprüfen, ob eine Strafe wirklich notwendig ist. Möglicherweise ist eine Strafe hilfreich, um dem Kind zu signalisieren, dass es einen Fehler gemacht hat. Allerdings sollten Sie eher versuchen, den Anreiz zu schaffen, beim nächsten Mal die Wahrheit zu sagen. Fallen Strafen unangemessen hoch aus, machen sie Ihrem Kind Angst, und es wird versuchen, besser lügen zu lernen. Loben Sie Ihr Kind für jede Situation, in der es zur Wahrheit steht.

Vielleicht achten Sie generell darauf, in Ihrer Familie eine positive Fehlerkultur zu pflegen. „Wer nicht arbeitet, macht auch keine Fehler", heißt es so schön, was bedeutet, dass jedes Handeln auch zu Fehlern führen kann. Die Herausforderung besteht nicht darin, Fehler zu sanktionieren (auch wenn dies auf passende Art geschieht), sondern offen damit umzugehen und daraus zu lernen. Nobody's perfect!

Scham

*E*igenes Versagen, aber auch die Scham über das Versagen von Eltern oder Freunden sollen vertuscht werden. Zum Gefühl der Scham gesellt sich hier gern die Angst, als „Versager" abgestempelt und dadurch nicht geliebt oder akzeptiert zu werden. Somit soll diese Art der Lüge dem Schutz der Person dienen, die einen Fehler begangen hat.

Machen Sie Ihrem Kind klar, dass Fehler zum Leben gehören und dass meist weniger der Fehler selbst als vielmehr das Lügen darüber

andere enttäuscht oder verletzt. Suchen Sie gemeinsam die positive Seite des Fehlers, z. B. die gewonnene Lebenserfahrung. Gerade wenn sich das Kind „fremdschämt", ist es wichtig, diese positive Seite für die betreffende Person zu suchen und klar zu differenzieren, dass ein Fehlverhalten noch nicht den gesamten Menschen entwertet. Durch Lügen wird

dem Fehler oder vermeintlichen Versagen mehr Bedeutung verliehen, als ihm zusteht.

Vor allem aber gilt: Seien Sie ein gutes Vorbild. Je besser Sie zu sich selbst und Ihren Fehlern stehen und sich um Offenheit und Ehrlichkeit bemühen, desto eher wird Ihr Kind das Lügen auch für sich selbst ablehnen.

Darum geht es in *Rumpelstilzchen*

*R*umpelstilzchen ist ein Märchen, bei dem eine lebensgefährliche Lüge am Anfang nur durch Mut, Willen und Hilfe den Weg für eine besondere Entwicklung bereitet. Die Geschichte zeigt uns außerdem, dass auch manchmal unmöglich Erscheinendes gemeistert werden kann. Hätten Sie gedacht, dass man aus Stroh Gold spinnen kann? Nur wer das Unmögliche für möglich hält, kann das Wunder erleben.

Der Müller prahlt und lügt vor dem König, seine Tochter könne Stroh zu Gold spinnen, nur um vor dem König gut dazustehen. Die Probleme beginnen, als der König diese Aussage überprüft und das Mädchen töten lassen wird, falls die Prahlerei des Müllers sich als Lüge erweist.

Das Mädchen kommt also in das Schloss des Königs und findet sich gleich in einer Kammer voller Stroh wieder.

Wie wird sie sich wohl fühlen? Ganz allein und dann noch eine solche unmöglich erscheinende Aufgabe! Inmitten ihrer größten Hilflosigkeit beginnt sie zu weinen.

Pssst – zur Erinnerung: Emotionen im Märchen bedeuten immer, dass gleich etwas passiert!

Das Weinen des Mädchens ruft Rumpelstilzchen herbei, der als rettender Helfer auftritt. Doch wir wissen, fast alles im Leben hat seinen Preis und auch das Zaubermännchen will der

Müllerstochter nicht umsonst helfen: Es verlangt eine Gegenleistung. Zweimal hat sie etwas anzubieten, das ihr die Hilfe des Zaubermännchens zusichert: einen Ring und eine Halskette.

Doch der König verlangt auch ein drittes Mal von der Müllerstochter, dass sie Stroh zu Gold spinnt, und dieses Mal hat sie nichts mehr, was sie dem Männchen geben könnte. In ihrer großen Verzweiflung verspricht sie ihm ihr erstes Kind.

Durch Rumpelstilzchens Hilfe wird die Tochter des Müllers Königin. Bald schon hat sie die Hilfe des Zaubermännchens vergessen. Doch als sie ihr erstes Kind zur Welt gebracht hat, taucht das Männchen auf und fordert das versprochene Kind.

Wieder sind es die Tränen der Königin, die in dem Zaubermännchen eine Saite zum Klingen bringen. Und so wird er weich und gewährt

Kleine Symbolkunde

Der **Ring** ist ein Zeichen für Verbundenheit, Eid und Treue. Die **Halskette** kann neben der schmückenden Wirkung und dem Ausdruck von materiellem Wohlstand auch mit der Bezeichnung „in Ketten gelegt", also (an-)gebunden sein, bedeuten.

So mag dieses Weggeben von Ring und Kette, die wahrscheinlich Familienandenken oder Erbstücke sind, eine symbolische Trennung von ihrem Zuhause und ihrem materiellen Wohlstand sein. Natürlich schmerzt die Trennung von den Schmuckstücken, doch indem sie diese ablegt, macht sie sich frei für neue Erfahrungen und Entwicklungen.

der Königin einen Aufschub und eine Möglichkeit, sie aus ihrem Versprechen zu entlassen: Sie muss seinen Namen herausfinden.

Das große Unglück kann jedoch in letzter Sekunde abgewendet werden, denn sie erhält abermals Hilfe. Ein Bote beobachtet ein Männchen, das um das Feuer tanzend seinen Namen preisgibt. Die Königin nennt Rumpelstilzchen beim Namen, woraufhin dieser sich selbst entzweireißt.

So überlebt die Müllerstochter und Königin durch Geschick, Mut und das Bitten um Hilfe die prahlerische Lüge ihres Vaters.

Kleine Symbolkunde

Der **König** steht im Märchen für den Sitz des Bewusstseins, die rationale Seite, Macht und Reichtum. Deshalb kann er in dieser Situation des Märchens die Aussage des Müllers auch nicht einfach so stehen lassen, sondern muss sie überprüfen. Natürlich möchte er auch seinen Reichtum mehren, das Gold lockt ungemein. Dabei will sich der König nicht zum Narren halten lassen: Wer ihm entgegentritt, der sollte besser die Wahrheit sagen, sonst ergeht es ihm schlecht. So kommt er auch nicht auf den Gedanken, die Angeberei des Müllers mit einem „Der will ja nur prahlen, den beachte ich gar nicht!" abzutun.

Die andere Seite der Medaille

*W*as wäre aus der Müllerstochter wohl geworden, wenn der Vater nie gelogen hätte? Wohl kaum eine stolze Königin, denn nur durch die dreiste Lüge des Vaters war das Mädchen gezwungen, an der Herausforderung zu wachsen. Sie hat gelernt, dass nichts unmöglich ist und dass sie Hilfe erhalten kann, wenn sie darum bittet.

Fazit: Auch die schwersten und unmöglich lösbar erscheinenden Herausforderungen des Lebens können manchmal bewältigt werden und wir gehen daraus als Könige hervor. Als Menschen, die sich ihrer gereiften und machtvollen Stellung im Leben bewusst sind.

Jeder kennt die Versuchung, sich durch eine kleine Mogelei oder Lüge selbst in besseres Licht zu rücken, so wie es der Müller tut. Manchmal bringen wir andere Menschen damit in große Verlegenheit, die wie die Müllerstochter aus Liebe nahezu alles tun, um diese Lüge aufrechterhalten zu können. Hier im Märchen braucht die junge Frau dringend Hilfe, um weder den Vater bloßzustellen noch selbst durch die Lüge umzukommen, und muss dafür ihre Kette, ihren Ring und sogar beinahe ihr Kind geben. Sie hat Glück und Rumpelstilzchen hilft ihr. Dass er dafür so viel von ihr verlangt, erscheint auf den ersten Blick böse und gemein, doch genau genommen hilft er ihr, dadurch stark zu werden und Lösungen zu finden.

So manche Menschen lassen sich eine Weile erpressen, bevor sie Mut entwickeln und der Sache ein Ende bereiten, indem sie dem Erpresser mit der Nennung des Namens drohen.

Doch wieso schafft die Königin es allein durch Nennung seines Namens, Rumpelstilzchen verschwinden zu lassen? Das Mädchen hat verstanden, wie es in die bedrohliche Situation gekommen ist, was für Gefahren und Möglichkeiten darin stecken und was sie selbst tun kann, um alles zu einem glücklichen Ende zu führen: die Dinge beim Namen zu nennen und sie damit zu entkräften. Diese „Rumpelstilzchentaktik" hilft bei vielen Ängsten: Lesen Sie mehr dazu im Kapitel *Angst* auf Seite 42 ff.

Fragen an Kinder zum Märchen:

✴ Warum lügt der Vater?
✴ Was hättest du allein in der Kammer voll Stroh gemacht?
✴ Was ist das Rumpelstilzchen wohl für ein Männchen?
✴ Warum will es das Kind haben?
✴ Was wäre wohl passiert, wenn die Müllerstochter, gesagt hätte: „Das kann ich doch gar nicht!"

Übungen & Spiele

Die Münchhausenstunde

An einem festgelegten Tag darf eine Stunde lang gelogen und fantasiert werden, dass sich die sprichwörtlichen Balken biegen. Das macht unglaublich Spaß, doch damit die Sache nicht „aus dem Ruder" läuft und für Ihr Kind klar ist, dass es außerhalb dieser Stunde die Wahrheit sagen soll, gibt es ein paar Regeln:

* Beginnen Sie die Münchhausenstunde mit einem klaren Signal: einem Gong, einem bestimmten Wort, einem Musikstück o. Ä.
* Alle Mitglieder der Familie müssen zu diesem Zeitpunkt versammelt sein, damit keiner von der plötzlichen Lügerei überrascht wird und dadurch Missverständnisse entstehen.
* Nehmen Sie sich ab und an auch Zeit, nicht einfach nur ein bisschen „vor sich hin" zu lügen, sondern ruhig ganze fantastische Geschichten zu erzählen, so wie Baron Münchhausen dies tat. Abgesehen von dem Spaß, den andere bei Ihren Geschichten haben werden, trainiert das auch Sprachvermögen, Fantasie und abstraktes Denken bei Ihrem Kind, wenn es selbst seine Geschichte zum Besten gibt.
* Beenden Sie die Lügenstunde wieder mit einem klaren Signal. Das kann ruhig das gleiche sein wie zu Beginn. Die Hauptsache ist, dass die Signale eindeutig sind. Zum Schluss Ihrer Münchhausenstunden sollten Sie mit dem Endsignal gleichzeitig erwähnen, dass die Zeit der Lügen jetzt wieder vorbei ist und Sie von nun an die Wahrheit schätzen. Falls Ihr Kind im Übereifer kein Ende findet,

geben Sie nicht gleich auf: Kindern macht dieses Spiel häufig solchen Spaß, dass sie nicht aufhören wollen. Vielleicht machen Sie nach Ende der Stunde ein kleines Bewegungsspiel mit Ihrem Kind, sodass es Energie abbauen kann, und setzen dann nochmals ein klares „Stopp-Signal".
* Ein kleiner Pokal oder eine „Baron-Münchhausen-Medaille" können ein toller Ansporn sein, die fantastischste und dreisteste Lügengeschichte der Woche vorzubringen. Vergessen Sie nicht, sich diese Auszeichnung auch selbst zu holen – mit ein klein wenig Ansporn und einem Augenzwinkern jagt Ihr Kind Ihnen diese Trophäe schon wieder ab.

Gerade am Anfang braucht es oft noch einiges an Übung, gezielt und ohne Druck die Unwahrheit zu sagen. Nutzen Sie dieses Zögern, um Ihr Kind einmal nachspüren zu lassen, wo es sich beim Lügen unwohl fühlt, was das Lügen mit ihm „macht". Grummelt es vielleicht im Bauch oder werden die Knie weich? Wo „sitzt" das schlechte Gewissen und hat es vielleicht eine besondere Stimme? Das schult die Selbstwahrnehmung Ihres Kindes und hilft Ihnen, unauffällig (neue) Anzeichen kennenzulernen, die darauf hindeuten, dass Ihr Kind etwas bedrückt.

Durch die Lügenstunde wird Ihnen und Ihrem Kind klar, was Wahrheit und was Lüge ist und welche Lügen schwer oder leicht über die Lippen kommen. Es lernt, dass Lügen manchmal ganz schön verwirrend und vielleicht sogar gefährlich sein können. Und dass die Zeit der Lügen keinen Platz in Ihrem Alltag hat.

Angst und Mut

Praktisch alle Eltern kommen früher oder später an den Punkt, an dem sie Gespenster und Monster unter dem Bett vertreiben oder mit der Taschenlampe die unheimlichen Schatten in den Ecken beleuchten müssen. Dann steht sie plötzlich im Kinderzimmer: die Angst.

Hänsel und Gretel

Vor einem großen Wald wohnte ein armer Holzhacker mit seiner Frau und seinen zwei Kindern; der Junge hieß Hänsel und das Mädchen Gretel. Er hatte wenig zu essen und zu trinken, und einmal, als große Verteuerung ins Land kam, konnte er das tägliche Brot nicht mehr bezahlen. Wie er sich nun abends im Bette Gedanken machte und sich vor Sorgen herumwälzte, seufzte er und sprach zu seiner Frau: „Was soll aus uns werden? Wie können wir unsere armen Kinder ernähren, da wir für uns selbst nichts mehr haben?"

„Weißt du was, Mann", antwortete die Frau, „wir wollen morgen in aller Frühe die Kinder hinaus in den Wald führen, wo er am dichtesten ist. Da machen wir ihnen ein Feuer an und geben jedem noch ein Stückchen Brot, dann gehen wir an unsere Arbeit und lassen sie allein. Sie finden den Weg nicht wieder nach Hause, und wir sind sie los."

„Nein, Frau", sagte der Mann, „das tue ich nicht; wie sollt ich's übers Herz bringen, meine Kinder im Wald allein zu lassen! Die wilden Tiere würden bald kommen und sie zerreißen."

„Oh, du Narr", sagte sie, „dann müssen wir alle viere des Hungers sterben, du kannst nur die Bretter für die Särge hobeln", und ließ ihm keine Ruhe, bis er einwilligte.

„Aber die armen Kinder tun mir doch leid", sagte der Mann.

Die zwei Kinder hatten vor Hunger auch nicht einschlafen können und gehört, was die Stiefmutter zum Vater gesagt hatte. Gretel weinte bittere Tränen und sprach zu Hänsel: „Nun ist's um uns geschehen."

„Still, Gretel", sprach Hänsel, „weine nicht, ich will uns schon helfen."

Und als die Alten eingeschlafen waren, stand er auf, zog sein Röcklein an, machte die Türe auf und schlich sich hinaus. Da schien der Mond ganz hell, und die weißen Kieselsteine, die vor dem Haus lagen, glänzten wie Silber. Hänsel bückte sich und steckte so viele in sein Rocktäschlein, wie nur hineinpassten. Dann ging er wieder zurück, sprach zu Gretel: „Sei unbesorgt, liebes Schwesterchen, und schlaf nur ruhig ein, Gott wird uns nicht verlassen", und legte sich wieder in sein Bett.

Als der Tag anbrach, noch ehe die Sonne aufgegangen war, kam schon die Frau und weckte die beiden Kinder: „Steht auf, ihr Faulenzer, wir wollen in den Wald gehen und Holz holen."

Dann gab sie jedem ein Stückchen Brot und sprach: „Da habt ihr etwas für den Mittag, aber esst's nicht vorher auf, weiter kriegt ihr nichts."

Gretel nahm das Brot in die Schürze, weil Hänsel die Steine in der Tasche hatte. Danach machten sie sich alle zusammen auf den Weg in den Wald. Als sie ein Weilchen gegangen waren, stand Hänsel still und blickte nach dem Haus zurück und tat das wieder und immer wieder. Der Vater sprach: „Hänsel, was guckst du da und bleibst zurück, hab acht und vergiss deine Beine nicht!" „Ach, Vater", sagte Hänsel, „ich sehe nach meinem weißen Kätzchen, das sitzt oben auf dem Dach und will mir Ade sagen."

Die Frau sprach: „Narr, das ist dein Kätzchen nicht, das ist die Morgensonne, die auf den Schornstein scheint." Hänsel aber hatte nicht nach dem Kätzchen gesehen, sondern immer einen von den blanken Kieselsteinen aus seiner Tasche auf den Weg geworfen.

Als sie mitten in den Wald gekommen waren, sprach der Vater: „Nun sammelt Holz, ihr Kinder, ich will ein Feuer anmachen, damit ihr nicht friert."

Hänsel und Gretel trugen Reisig zusammen, einen kleinen Berg hoch. Das Reisig ward angezündet, und als die Flamme recht hoch brannte, sagte die Frau: „Nun legt euch ans Feuer, ihr Kinder, und ruht euch aus, wir gehen in den Wald und hauen Holz. Wenn wir fertig sind, kommen wir wieder und holen euch ab."

Hänsel und Gretel saßen um das Feuer, und als der Mittag kam, aß jedes sein Stücklein Brot. Und weil sie die Schläge der Holzaxt hörten, so glaubten sie, ihr Vater wär in der Nähe. Es war aber nicht die Holzaxt, es war ein Ast, den er an einen dürren Baum gebunden hatte und den der Wind hin und her schlug. Und als sie so lange gesessen hatten, fielen ihnen die Augen vor Müdigkeit zu, und sie schliefen fest ein. Als sie endlich erwachten, war es schon finstere Nacht. Gretel fing an zu weinen und sprach: „Wie sollen wir nun aus dem Wald kommen?" Hänsel aber tröstete sie: „Warte nur ein Weilchen, bis der Mond aufgegangen ist, dann wollen wir den Weg schon finden."

Und als der volle Mond aufgestiegen war, nahm Hänsel sein Schwesterchen an der Hand und ging den Kieselsteinen nach, die schimmerten wie Silber und zeigten ihnen den Weg. Sie gingen die ganze Nacht hindurch und kamen bei anbrechendem Tag wieder zu ihres Vaters Haus. Sie klopften an die Tür, und als die Frau aufmachte und sah, dass es Hänsel und Gretel waren, sprach sie: „Ihr bösen Kinder, was habt ihr so lange im Walde geschlafen, wir haben geglaubt, ihr wollet gar nicht wiederkommen."

Der Vater aber freute sich, denn es war ihm zu Herzen gegangen, dass er sie so allein zurückgelassen hatte.

Nicht lange danach war wieder Not in allen Ecken, und die Kinder hörten, wie die Mutter nachts im Bette zu dem Vater sprach: „Alles ist wieder aufgezehrt, wir haben noch einen halben Laib Brot, dann hat das Lied ein Ende. Die Kinder müssen fort, wir wollen sie tiefer in den Wald hineinführen, damit sie den Weg nicht wieder herausfinden; es ist sonst keine Rettung für uns."

Dem Mann fiel's schwer aufs Herz, und er dachte: Es wäre besser, dass du den letzten Bissen mit deinen Kindern teiltest. Aber die Frau hörte auf nichts, was er sagte, schalt ihn und machte ihm Vorwürfe. Wer A sagt, muss B sagen, und weil er das erste Mal nachgegeben hatte, so musste er es auch zum zweiten Mal.

Die Kinder waren aber noch wach gewesen und hatten das Gespräch mit angehört. Als die Alten schliefen, stand Hänsel wieder auf, wollte hinaus und die Kieselsteine auflesen, wie das vorige Mal; aber die Frau hatte die Tür verschlossen, und Hänsel konnte nicht heraus. Aber er tröstete sein Schwesterchen und sprach: „Weine nicht, Gretel, und schlaf nur ruhig, der liebe Gott wird uns schon helfen."

Am frühen Morgen kam die Frau und holte die Kinder aus dem Bette. Sie erhielten ihr Stückchen Brot, das war aber noch kleiner als das vorige Mal. Auf dem Wege nach dem Wald zerbröckelte Hänsel es in seiner Tasche, stand oft still und warf ein Bröcklein auf die Erde. „Hänsel, was stehst du und guckst dich um?", sagte der Vater, „geh deiner Wege!"

„Ich sehe nach meinem Täubchen, das sitzt auf dem Dache und will mir Ade sagen", antwortete Hänsel.

„Narr", sagte die Frau, „das ist dein Täubchen nicht, das ist die Morgensonne, die auf den Schornstein oben scheint." Hänsel aber warf nach und nach alle Bröcklein auf den Weg.

Die Frau führte die Kinder noch tiefer in den Wald, wo sie ihr Lebtag noch nicht gewesen waren. Da ward wieder ein großes Feuer angemacht, und die Mutter sagte: „Bleibt nur da sitzen, ihr Kinder, und wenn ihr müde seid, könnt ihr ein wenig schlafen. Wir gehen in den Wald und hauen Holz, und abends, wenn wir fertig sind, kommen wir und holen euch ab."

Als es Mittag war, teilte Gretel ihr Brot mit Hänsel, der sein Stück auf den Weg gestreut hatte. Dann schliefen sie ein, und der Abend verging; aber niemand kam zu den armen Kindern.

Sie erwachten erst in der finstern Nacht, und Hänsel tröstete sein Schwesterchen und sagte: „Warte nur, Gretel, bis der Mond aufgeht, dann werden wir die Brotbröcklein sehen, die ich ausgestreut habe, die zeigen uns den Weg nach Haus."

Als der Mond kam, machten sie sich auf, aber sie fanden kein Bröcklein mehr, denn die vielen

Tausend Vögel, die im Wald und im Feld umherfliegen, die hatten sie weggepickt. Hänsel sagte zu Gretel: „Wir werden den Weg schon finden." Aber sie fanden ihn nicht. Sie gingen die ganze Nacht und noch einen Tag von morgens bis abends, aber sie kamen aus dem Wald nicht heraus und waren so hungrig, denn sie hatten nichts als die paar Beeren, die auf der Erde standen. Und weil sie so müde waren, dass die Beine sie nicht mehr tragen wollten, so legten sie sich unter einen Baum und schliefen ein. Nun war's schon der dritte Morgen, dass sie ihres Vaters Haus verlassen hatten. Sie fingen wieder an zu gehen, aber sie gerieten immer tiefer in den Wald, und wenn nicht bald Hilfe käme, mussten sie verschmachten.

Als es Mittag war, sahen sie ein schönes, schneeweißes Vögelein auf einem Ast sitzen, das sang so schön, dass sie stehen blieben und ihm zuhörten. Und als es fertig war, schwang es seine Flügel und flog vor ihnen her, und sie gingen ihm nach, bis sie zu einem Häuschen gelangten, auf dessen Dach es sich setzte, und als sie ganz nahe herankamen, so sahen sie, dass das Häuslein aus Brot gebaut war und mit Kuchen gedeckt; aber die Fenster waren von hellem Zucker.

„Da wollen wir uns dranmachen", sprach Hänsel, „und eine gesegnete Mahlzeit halten. Ich will ein Stück vom Dach essen, Gretel, du kannst vom Fenster essen, das schmeckt süß." Hänsel reichte in die Höhe und brach sich ein wenig vom Dach ab, um zu versuchen, wie es schmeckte, und Gretel stellte sich an die Scheiben und knusperte daran. Da rief eine feine Stimme aus der Stube heraus:

„Knusper, knusper, Kneuschen,
wer knuspert an meinem Häuschen?"

Die Kinder antworteten:
„Der Wind, der Wind,
das himmlische Kind",

und aßen weiter, ohne sich irre machen zu lassen. Hänsel, dem das Dach sehr gut schmeckte, riss sich ein großes Stück davon herunter, und Gretel stieß eine ganze runde Fensterscheibe heraus, setzte sich nieder und tat sich wohl damit.

Da ging auf einmal die Türe auf und eine steinalte Frau, die sich auf eine Krücke stützte, kam herausgeschlichen. Hänsel und Gretel erschraken so gewaltig, dass sie fallen ließen, was sie in den Händen hielten. Die Alte aber wackelte mit dem Kopf und sprach: „Ei, ihr lieben Kinder, wer hat euch hierher gebracht? Kommt nur herein und bleibt bei mir, es geschieht euch kein Leid." Sie fasste beide an der Hand und führte sie in ihr Häuschen. Da ward ein gutes Essen aufgetragen, Milch und Pfannkuchen mit Zucker, Äpfel und Nüsse. Danach wurden zwei schöne Bettlein weiß gedeckt, und Hänsel und Gretel legten sich hinein und meinten, sie wären im Himmel.

Die Alte hatte sich nur freundlich angestellt, sie war aber eine böse Hexe, die den Kindern auflauerte, und hatte das Brothäuslein bloß gebaut, um sie herbeizulocken. Wenn eins in ihre Gewalt kam, so machte sie es tot, kochte es und aß es, und das war ihr ein Festtag. Hexen haben rote Augen und können nicht weit sehen, aber sie haben eine feine Witterung wie die

Tiere und merken's, wenn Menschen herankommen. Als Hänsel und Gretel in ihre Nähe kamen, da lachte sie boshaft und sprach höhnisch: „Die habe ich, die sollen mir nicht wieder entwischen!"

Frühmorgens, ehe die Kinder erwacht waren, stand sie schon auf, und als sie beide so lieblich ruhen sah, mit den vollen roten Backen, so murmelte sie vor sich hin: „Das wird ein guter Bissen werden." Da packte sie Hänsel mit ihrer dürren Hand und trug ihn in einen kleinen Stall und sperrte ihn mit einer Gittertüre ein. Er mochte schreien, wie er wollte, es half ihm nichts. Dann ging sie zur Gretel, rüttelte sie wach und rief: „Steh auf, Faulenzerin, trag Wasser und koch deinem Bruder etwas Gutes, der sitzt draußen im Stall und soll fett werden. Wenn er fett ist, so will ich ihn essen." Gretel fing an, bitterlich zu weinen; aber es war alles vergeblich, sie musste tun, was die böse Hexe verlangte.

Nun ward dem armen Hänsel das beste Essen gekocht, aber Gretel bekam nichts als Krebsschalen. Jeden Morgen schlich die Alte zu dem Ställchen und rief: „Hänsel, streck deinen Finger heraus, damit ich fühle, ob du bald fett bist." Hänsel streckte ihr aber ein Knöchlein heraus, und die Alte, die trübe Augen hatte, konnte es nicht sehen und meinte, es wäre Hänsels Finger, und wunderte sich, dass er gar nicht fett werden wollte.

Als vier Wochen um waren und Hänsel immer mager blieb, da überkam sie die Ungeduld, und sie wollte nicht länger warten.

„Heda, Gretel", rief sie dem Mädchen zu, „sei flink und trag Wasser! Hänsel mag fett oder mager sein, morgen will ich ihn schlachten und kochen."

Ach, wie jammerte das arme Schwesterchen, als es das Wasser tragen musste, und wie flossen ihm die Tränen die Wangen herunter!

„Lieber Gott, hilf uns doch", rief sie aus, „hätten uns nur die wilden Tiere im Wald gefressen, so wären wir doch zusammen gestorben!"

„Spar nur dein Geplärre", sagte die Alte, „es hilft dir alles nichts."

Frühmorgens musste Gretel heraus, den Kessel mit Wasser aufhängen und Feuer anzünden.

„Erst wollen wir backen", sagte die Alte, „ich habe den Backofen schon eingeheizt und den Teig geknetet." Sie stieß die arme Gretel hinaus zu dem Backofen, aus dem die Feuerflammen schon herausschlugen.

„Kriech hinein", sagte die Hexe, „und sieh zu, ob recht eingeheizt ist, damit wir das Brot hineinschieben können." Und wenn Gretel darin war, wollte sie den Ofen zumachen und Gretel sollte darin braten, und dann wollte sie sie aufessen. Aber Gretel merkte, was sie im Sinn hatte, und sprach: „Ich weiß nicht, wie ich's machen soll; wie komm ich da hinein?"

„Dumme Gans", sagte die Alte, „die Öffnung ist groß genug, siehst du wohl, ich könnte selbst hinein", krabbelte heran und steckte den Kopf in den Backofen. Da gab ihr Gretel einen Stoß, dass sie weit hineinfiel, machte die eiserne Tür zu und schob den Riegel vor. Hu! Da fing sie an zu heulen, ganz grauslich; aber Gretel lief fort, und die gottlose Hexe musste elendiglich verbrennen. Gretel aber lief schnurstracks zu Hänsel, öffnete sein Ställchen und rief: „Hänsel, wir sind erlöst,

die alte Hexe ist tot." Da sprang Hänsel heraus wie ein
Vogel aus dem Käfig, wenn ihm die Türe aufgemacht
wird. Wie haben sie sich gefreut sind sich um den Hals
gefallen, sind herumgesprungen und haben sich ge-
küsst! Und weil sie sich nicht mehr zu fürchten brauch-
ten, so gingen sie in das Haus der Hexe hinein. Da standen in allen Ecken Kasten mit Perlen und Edelsteinen.
„Die sind noch besser als Kieselsteine", sagte Hänsel
und steckte in seine Taschen, was hineinwollte.
Und Gretel sagte: „Ich will auch etwas mit nach Haus
bringen", und füllte sein Schürzchen voll.
„Aber jetzt wollen wir fort", sagte Hänsel, „damit wir
aus dem Hexenwald herauskommen."

Als sie aber ein paar Stunden gegangen waren, gelangten sie an ein großes Wasser. „Wir
können nicht hinüber", sprach Hänsel, „ich sehe keinen Steg und keine Brücke."
„Hier fährt auch kein Schiffchen", antwortete Gretel, „aber da schwimmt eine weiße Ente, wenn
ich die bitte, so hilft sie uns hinüber."
Da rief sie:
„Entchen, Entchen,
Da steht Gretel und Hänsel.
Kein Steg und keine Brücke,
Nimm uns auf deinen weißen Rücken."

Das Entchen kam auch heran, und Hänsel setzte sich auf und bat sein Schwesterchen, sich
zu ihm zu setzen.
„Nein", antwortete Gretel, „es wird dem Entchen zu schwer, es soll uns nacheinander hinüber-
bringen." Das tat das gute Tierchen, und als sie glücklich drüben waren und ein Weilchen fort-
gingen, da kam ihnen der Wald immer bekannter und immer bekannter vor, und endlich er-
blickten sie von Weitem ihres Vaters Haus. Da fingen sie an zu laufen, stürzten in die Stube
hinein und fielen ihrem Vater um den Hals. Der Mann hatte keine frohe Stunde gehabt, seitdem
er die Kinder im Wald gelassen hatte, die Frau aber war gestorben. Gretel schüttelte sein Schürzchen aus, dass die Perlen und Edelsteine in der Stube herumsprangen, und Hänsel warf eine
Handvoll nach der andern aus seiner Tasche dazu. Da hatten alle Sorgen ein Ende, und sie lebten
in lauter Freude zusammen.

Hasenherz und Heldenmut

Nicht nur Gespenster, Hexen oder andere mythische Wesen sind es, sondern auch ganz konkrete nachvollziehbare und reale Ängste, die das Kinderherz schwer machen: Trennungs- und Verlustängste, Angst vor Fehlern, Ablehnung und Zurücksetzung, Prüfungsangst und die Angst, böse zu sein oder schuldig.

Diese Ängste sind es, die einem selbstbewussten und selbstbestimmten Leben im Weg stehen.

Manche dieser Ängste und Sorgen sind Ihnen und Ihrem Kind bereits bewusst, doch einige bahnen sich ganz heimlich im Traum den Weg ins Bewusstsein und wollen dann betrachtet werden.

Mutig werden in der Konfrontation

In der Betrachtung dieser Ängste liegt die große Chance Ihres Kindes, mutig zu werden, die Angst anzunehmen und ihr den größten Schrecken zu rauben, nämlich ihr hilflos ausgesetzt zu sein. Denn Angst an sich ist nicht nur schlecht, sie schützt vor Gefahren und ist ein wichtiger Schritt der Entwicklung

> **Diese Regeln können Ihnen und Ihrem Kind bei der Bewältigung von Angst helfen:**
>
> ✳ Lassen Sie Ihr Kind frei erzählen und hören Sie ihm offen, neugierig und gut zu.
> ✳ Zeigen Sie Ihre Freude darüber, dass Ihr Kind sich Ihnen anvertraut, und nehmen Sie es unbedingt ernst in seinem Gefühl, ganz gleich, wie Sie selbst die Situation beurteilen würden.
> ✳ Reden Sie mit Ihrem Kind liebevoll über seine Ängste.
> ✳ Ihr Kind sucht bei Ihnen Halt und Geborgenheit; zeigen Sie ihm, dass Sie ihm beides geben können. Oftmals braucht es zunächst noch keine fertige Lösung – die Zuversicht, dass eine Lösung gefunden wird, hingegen schon!
> ✳ Stehen Sie gemeinsam die Angst durch.
> ✳ Finden Sie gemeinsam mit Ihrem Kind kreative Wege, um die Angst auszudrücken (im Spiel, Malen, Schreiben, Tanzen …).
> ✳ Suchen Sie gemeinsam mit Ihrem Kind nach Lösungen, um mit der Angst besser umgehen zu können (Kraftsätze, darüber sprechen, Lieblingskuscheltier …).

in ihren verschiedenen Phasen. Viele Babys fremdeln im Alter von ca. acht Monaten, was zeigt, dass sie ab jetzt deutlich zwischen ihren vertrauten Bezugspersonen und Fremden unterscheiden können. Sie haben gelernt, wem sie vertrauen können, und brauchen die Angst, um herauszufinden, wer noch zum „sicheren Personenkreis" gehört.

Von der Rumpelstilzchen-taktik …

Erinnern Sie sich daran, wie sich Rumpelstilzchen durch Erkennen und Nennen seines Namens entzweireißt und die Königin befreit ist?

Oftmals wissen Eltern sehr schnell, wie sie ihrem Kind helfen können, wenn die Angst nur einen Namen erhält, wie z. B. Trennungs- oder Prüfungsangst. Allein das Herausfinden und offene Aussprechen dieser spezifischen

Angst lässt sie sich schon nahezu in Luft auflösen. Das wichtigste Ziel ist nämlich, die Erfahrung zu machen, dass man nicht automatisch der Angst hilflos und passiv ausgeliefert, sondern stark genug ist, dieser direkt ins „Gesicht" zu sehen und sie so zu besiegen.

… zum Märchen

Doch was tun, wenn die Angst nur schwer zu greifen ist und Sie allzu hilflos nach ihrem Namen suchen?

Märchen können hierbei wertvolle Helfer sein. In vielen Märchen ist die Angst gegenwärtig und erhält ein Gesicht. Und da kommt der Märchenheld gerade recht, der mal mutig, mal listig, aber nahezu immer zuverlässig einen Weg findet, um diese Angst zu besiegen. Oftmals begleiten Helfer den Märchenhelden auf seinem Weg. Schnell wird jedoch immer wieder klar, dass der Held am Ende selbst aktiv werden muss, um sich aus den Klauen der Angst zu befreien. Und dann zeigt sich, dass die Angst auch ihr Gutes hat: nämlich die Bedrohung wahrzunehmen, das Leben wertzuschätzen und schließlich aus sich selbst heraus Kraft zu entwickeln.

So wie in dem Märchen, in dem ein kleines Mädchen seine Angst überwindet und damit nicht nur sich selbst, sondern auch den Bruder befreit.

Darum geht es in *Hänsel und Gretel*

Zwei Geschwister haben einiges an Angst auszustehen. Zuerst werden sie von ihren Eltern im Wald ausgesetzt und dann auch noch von einer bösen Hexe voneinander getrennt, die die beiden gar braten und fressen möchte!

Während Hänsel zunächst die Rolle des Stärkeren einnimmt und Lösungen für die drohenden Gefahren und den Heimweg sucht, hängt Gretel noch wie erstarrt in ihrer Angst fest. Sie sieht sich hilflos ausgeliefert und ist unfähig, selbst Ideen zu entwickeln und umzusetzen. Gretel weint und jammert, Hänsel hingegen tröstet seine Schwester und streut das eine Mal Kiesel, das andere Mal Brotkrumen; er kann durch diese Aktivität seine eigene Angst erst einmal schmälern.

Seine Zuversicht und sein Selbstvertrauen sind es, die ihn nicht verzweifeln lassen. Obwohl er mit seinen Lösungsansätzen zunächst keinen Erfolg hat, gibt er auch in seiner Gefangenschaft bei der Hexe nicht auf, sondern bedient sich einer List. Aber nun kann er nicht mehr für Gretel sorgen, weshalb diese vollkommen zu verzweifeln scheint.

Ihre tiefste Not und Verzweiflung zeigt sich dann in dem Satz: „Hätten uns nur die wilden Tiere im Wald gefressen, so wären wir doch zusammen gestorben".

Hänsel und Gretel haben Angst. Angst, ihr Leben zu verlieren. Angst, sich zu verlieren. Nun hilft es nichts – das Mädchen muss der Angst mutig ins Gesicht schauen und aktiv

werden, sonst hat die Gefahr in Person der Hexe gesiegt.

Und Gretel schafft schließlich das Unglaubliche: Sie entwickelt eine List und stößt die Hexe in den Ofen. Statt starr vor Schreck ihren Gefühlen hilflos ausgeliefert zu bleiben, löst sie sich durch diese Aktion und Tatkraft im entscheidenden Moment aus ihrer Angst. Die Hexe in den Ofen stecken bedeutet gleichzeitig, nicht selbst zu verbrennen.

So klein und hilflos sie vorher wirkte, hier hat sie sich der Angst gestellt, war mutig und hat ungeahnte Stärke entwickelt und sich damit schließlich selbst zur Heldin gekrönt.

Mit der Hexe, die anfangs so freundlich tut, haben die Kinder kein Mitleid. Sie hat sie zunächst mit der Befriedigung ihrer Bedürfnisse gelockt, nur um dann bald ihr wahres Gesicht zu zeigen und sich von den Kindern nähren zu wollen. Doch eigentlich ist sie eine Helferin in

diesem Märchen. Denn nur durch sie und ihre leibhaftige Bedrohung war es Gretel möglich, ihr Hasenherz gegen Heldenmut zu tauschen.

So zeigt dieses Märchen, wie wichtig Angst für die persönliche Entwicklung eines Kindes ist. Aber auch, dass es nötig ist, aktiv zu werden und sich dieser Angst zu stellen, um sie letztlich zu überwinden.

Fragen an Kinder zum Märchen:

* Was hätten die Eltern noch für Möglichkeiten gehabt, als die Kinder wegzuschicken?
* Was hättest du noch gemacht, um wieder nach Hause zu finden?
* Hättest du dich auch getraut, die Hexe in den Ofen zu sperren?
* Ist es gerecht, dass die Hexe im Ofen verbrennt?

Übungen & Spiele

Der Angst eine Gestalt geben

Lassen Sie Ihr Kind die Monster, vor denen es sich fürchtet, malen. Hören Sie Ihrem Kind aufmerksam zu, was es Ihnen dazu erzählen möchte. Vielleicht können Sie die Zeichnung anschließend gemeinsam mit einer roten Clownsnase, einem lächelnden Mund o. Ä. „entschärfen" und somit für das Kind zugänglich machen.

Rollentausch

Gestalten Sie gemeinsam eine Monstermaske, die Ihr Kind mithilfe eines Gummibandes tragen kann, um so selbst in die Rolle des gefürchteten Monsters zu schlüpfen. Hier sind Ihrer Fantasie keine Grenzen gesetzt. Sogar ganze Monsterkostüme können mit Ihrer Hilfe entstehen, die Ihrem Kind vielleicht ermöglichen, sich in das Wesen eines dunklen Gesellen einzufinden und sich nicht mehr davor zu fürchten.

Eine andere Variante ist es, Angst machende Situationen durch Rollenspiele zu entschärfen. Betrachten Sie sich z. B. gegenseitig mit einem kleinen Mundspiegel die Zähne und spielen Zahnarzt. Auch Stellvertreter wie Kuscheltiere oder Puppen können das Rollenspiel übernehmen und alle denkbaren Angst, aber auch Mut machenden Situationen durchspielen.

Die Monsterpuppe

Verwenden Sie ein gemaltes Monsterbild als Vorlage für eine genähte oder gebastelte Monsterpuppe. Vielleicht wird diese sogar zum Spielgefährten und Beschützer Ihres Kindes. Ganz einfache Puppen lassen sich aus alten und sogar löchrigen Socken nähen. Anleitungen finden Sie in Fachbüchern und im Internet.

Rituale

Rituale geben Sicherheit und schaffen Vertrauen, sodass sie auch gut gegen Kinderängste helfen können. Sie können wie eine Beschwörungsformel Bedrohliches bannen. Mehr zum Thema Rituale lesen Sie im Kapitel *Fleiß, Faulheit und Geduld* auf Seite 152 ff.

Angst mag keine fröhlichen Lieder!

Erfinden Sie gemeinsam ein Lied gegen böse Monster, Donnergrollen oder was Ihrem Kind sonst noch Ängste bereitet. Singen

oder summen Sie dieses Lied gemeinsam, immer dann wenn Ihr Kind Angst bekommt. Es kann auch ein schon bestehendes Lied sein, das Ihr Kind besonders gern mag.

Krafttiere und Talismane

„Zaubersteine", die Sie z. B. bei einem Wald- und Wiesenspaziergang sammeln, können gegen Angst helfen und schenken Mut. Vielleicht bemalen Sie sie auch bunt oder schreiben kleine Botschaften darauf. Wenn Sie ihnen unterschiedliche Zauberkräfte zuweisen, können sie als „Mannschaft" auf dem Fensterbrett oder unter dem Bett vor kleinen und großen Monstern beschützen oder als Talisman in der Hosentasche getragen das Selbstvertrauen Ihres Sprösslings stärken.

Viele Kinder mögen Krafttiere. Vielleicht lassen Sie Ihr Kind in einer kleinen Fantasiereise sein persönliches Krafttier finden oder benutzen ein Kartenset, aus dem Ihr Kind wählt oder zufällig einen Begleiter zieht. Beziehen Sie dieses Krafttier bewusst in Ihren Alltag mit ein, so wird es für Ihr Kind zu einem realen Beschützer in schwierigen Situationen.

Kraft finden in der Natur

Ein Waldspaziergang kann das Selbstvertrauen stärken und Halt geben. Sie können z. B. aus einem Besuch im nahe liegenden Park, an einem Fluss oder auf angrenzenden Wiesen ein Abenteuer machen. Bereiten Sie dafür Aufgaben für das Kind vor, z. B. eine Schatzsuche, Steinmännchen bauen, Schnecken zählen, an Baumstämmen lauschen … Erzählen sie Ihrem Kind von netten Wichteln und guten Kräften, die hier in der Natur wohnen

und es beschützen. Vielleicht entdeckt Ihr Kind ja einen der guten Geister!

Bewegung vertreibt die Angst aus dem Körper

Sport und spielerische Bewegung stärken das positive Körpergefühl und das Selbstbewusstsein. Sanftes Schaukeln in einer Hängematte kann Ihrem Kind Geborgenheit und ein angenehmes Körperempfinden schenken, genau wie auch entspannende Berührungsspiele, Massagen oder Übungen.

Sport, der Stück für Stück das Vertrauen in die eigene Fähigkeit entdecken lässt und so stärkt, dient besonders gut dem Selbstvertrauen. Klettern ist ein gutes Beispiel dafür. Vielleicht führt der nächste Familienausflug Sie ja in die Kletterhalle, wo Sie nicht nur das gegenseitige Vertrauen, sondern auch noch den Zusammenhalt Ihrer Familie stärken? Doch die oberste Regel lautet: Es muss Spaß machen! Überforderung führt schnell zu Frust und neuen Ängsten.

Leistungsdruck

Wir leben heute in einer Leistungsgesellschaft und jeder Erwachsene kennt den damit verbundenen Leistungsdruck. Vielen ist jedoch nicht bewusst, dass auch Kinder schon früh davon betroffen sind. Die eigenen Grenzen wahrnehmen und wahren schützt vor dem „Hasensyndrom".

Der Hase und der Igel

*D*iese Geschichte hört sich ziemlich lügenhaft an, Kinder, aber wahr ist sie doch, denn mein Großvater, von dem ich sie habe, pflegte immer, wenn er sie mir erzählte, dabei zu sagen: „Wahr muss sie doch sein, mein Sohn, denn sonst könnte man sie ja nicht erzählen." Und die Geschichte hat sich so zugetragen:

*E*s war an einem Sonntagmorgen zur Herbstzeit, gerade als der Buchweizen blühte. Die Sonne war hell am Himmel aufgegangen, der Morgenwind ging warm über die Stoppeln, die Lerchen sangen in der Luft, die Bienen summten im Buchweizen, die Leute gingen in ihrem Sonntagsanzug zur Kirche, und alle Kreaturen war vergnügt, und der Igel auch.

*D*er Igel aber stand vor seiner Tür, hatte die Arme übereinandergeschlagen, guckte dabei in den Morgenwind hinaus und summte ein kleines Liedchen vor sich hin, so gut und so schlecht, wie nun eben am lieben Sonntagmorgen ein Igel zu singen pflegt. Indem er nun so vor sich hin sang, fiel ihm auf einmal ein, er könnte doch, während seine Frau die Kinder wusch und anzog, ein bisschen ins Feld spazieren und nach seinen Steckrüben sehen. Die Steckrüben waren dicht bei seinem Haus, und er pflegte mit seiner Familie davon zu essen, darum sah er sie als die seinigen an. Gesagt, getan. Der Igel machte die Haustür hinter sich zu und schlug den Weg nach dem Felde ein.

Er war noch nicht weit vom Haus weg und wollte just um den Schlehenbusch, der dort vor dem Feld steht, nach dem Steckrübenacker abbiegen, als ihm der Hase begegnete, der ebenfalls ausgegangen war, nämlich um seinen Kohl zu betrachten. Als der Igel den Hasen sah, grüßte er ihn mit einem freundlichen: „Guten Morgen". Der Hase aber, der auf seine Weise ein vornehmer Herr war und grausam und überheblich dabei, antwortete nicht auf des Igels Gruß, sondern sagte zum Igel, wobei er eine gewaltig höhnische Miene aufsetzte: „Wie kommt es denn, dass du schon so früh am Morgen im Felde herumläufst?"

„Ich gehe spazieren", sagte der Igel.

„Spazieren?", lachte der Hase. „Ich denke, du könntest die Beine auch wohl zu besseren Dingen gebrauchen."

Diese Antwort verdross den Igel ungeheuer, denn alles konnte er ertragen, aber auf seine Beine ließ er nichts kommen, eben weil sie von Natur aus schief waren.

„Du bildest dir wohl ein", sagte nun der Igel zum Hasen, „dass du mit deinen Beinen mehr ausrichten kannst?"

„Das denke ich wohl", sagte der Hase.

„Das käme auf einen Versuch an", meinte der Igel, „ich wette, dass wenn wir einen Wettlauf machen, ich an dir vorbeilaufe."

„Das ist zum Lachen, du mit deinen schiefen Beinen", sagte der Hase. „Aber meinetwegen mag es sein, wenn du so große Lust darauf hast. Was gilt die Wette?"

„Einen goldenen Taler und eine Flasche Branntwein", sagte der Igel.

„Abgemacht", sprach der Hase. „Schlag ein, und dann kann es gleich losgehen."

„Nein, so große Eile hat es nicht", meinte der Igel. „Ich bin noch ganz nüchtern; erst will ich nach Hause gehen und ein bisschen frühstücken. In einer halben Stunde bin ich wieder hier auf dem Platz."

Damit ging der Igel, denn der Hase war damit einverstanden. Unterwegs dachte der Igel bei sich: Der Hase verlässt sich auf seine langen Beine, aber ich will ihn schon kriegen. Er ist zwar ein vornehmer Herr, aber doch nur ein dummer Kerl, und bezahlen soll er für seine Arroganz. Als nun der Igel zu Hause ankam, sprach er zu seiner Frau: „Frau, zieh dich schnell an, du musst mit mir aufs Feld hinaus."

„Was gibt es denn?", sagte seine Frau.

„Ich habe mit dem Hasen um einen goldenen Taler und eine Flasche Branntwein gewettet; ich will mit ihm um die Wette laufen, und du sollst mit dabei sein."

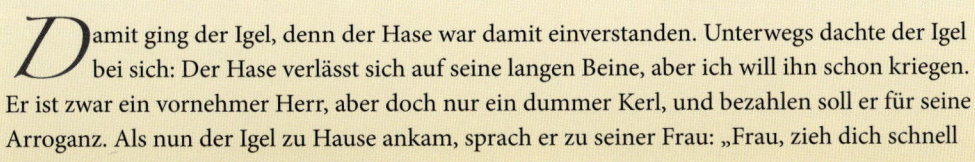

„Oh nein, Mann", fing nun des Igels Frau an zu jammern, „bist du nicht recht gescheit? Hast du denn ganz den Verstand verloren? Wie kannst du mit dem Hasen um die Wette laufen wollen?"
„Halt den Mund, Weib", sagte der Igel, „das ist meine Sache. Misch dich nicht in Männergeschäfte! Marsch, zieh dich an und komm mit!"
Was sollte die Frau des Igels machen? Sie musste ihm folgen, ob sie nun wollte oder nicht.

Wie sie nun miteinander unterwegs waren, sprach der Igel zu seiner Frau: „Nun pass auf, was ich dir sagen will. Siehst du, auf dem langen Acker dort wollen wir unseren Wettlauf machen. Der Hase läuft nämlich in der einen Furche und ich in der anderen, und von oben fangen wir an zu laufen. Nun hast du weiter nichts zu tun, als dich hier unten in die Furche zu stellen, und wenn der Hase auf der andern Seite ankommt, so rufst du ihm entgegen: Ich bin schon hier."

Damit waren sie beim Acker angelangt. Der Igel wies seiner Frau den Platz zu und ging nun den Acker hinauf. Als er oben ankam, war der Hase schon da.
„Kann es losgehen?", fragte der Hase.
„Jawohl", sagte der Igel.
„Dann also los!"
Und damit stellte sich jeder in seine Furche. Der Hase zählte: „Eins, zwei, drei!" und los ging es wie ein Sturmwind den Acker hinunter. Der Igel aber lief nur ungefähr drei Schritte, dann duckte er sich in die Furche und blieb ruhig sitzen.

Als nun der Hase in vollem Lauf unten am Acker ankam, rief ihm die Frau des Igels entgegen: „Ich bin schon hier!"

Der Hase stutzte und wunderte sich nicht wenig: Er dachte, es sei der Igel selbst, der ihm zurief, denn bekanntlich sieht des Igels Frau genauso aus wie ihr Mann. Der Hase aber meinte: „Das geht nicht mit rechten Dingen zu."

Er rief: „Noch mal gelaufen, wieder rum!"

Und fort rannte er wieder wie ein Sturmwind, dass ihm die Ohren um den Kopf flogen. Die Frau des Igels aber blieb ruhig auf ihrem Platz stehen. Als nun der Hase oben ankam, rief ihm der Igel entgegen: „Ich bin schon hier!"

Der Hase aber, ganz außer sich vor Ärger, schrie: „Noch einmal laufen!"

„Mir macht das nichts", antwortete der Igel. „Meinetwegen, so oft du Lust hast." So lief der Hase noch dreiundsiebzigmal und der Igel besiegte ihn immer. Jedes Mal, wenn der Hase unten oder oben ankam, sagte der Igel oder seine Frau: „Ich bin schon hier!"

*B*eim vierundsiebzigsten Male aber kam der Hase nicht mehr bis ans Ende. Mitten auf dem Acker stürzte er zur Erde, das Blut schoss ihm aus dem Hals und er blieb tot auf dem Platz liegen. Der Igel aber nahm seinen gewonnenen Taler und die Flasche Branntwein, holte seine Frau aus der Furche ab, und beide gingen vergnügt miteinander nach Hause. Und wenn sie nicht gestorben sind, leben sie heute noch.

*S*o begab es sich, dass auf der Buxtehuder Heide der Igel den Hasen totlief, und seit jener Zeit hat es sich kein Hase wieder einfallen lassen, mit dem Buxtehuder Igel um die Wette zu laufen. Die Lehre aber aus dieser Geschichte ist erstens, dass keiner, und wenn er sich auch noch so vornehm gibt, sich über einen Mann von geringerem Stand lustig machen soll, und wenn es auch nur ein Igel ist. Und zweitens, dass einer gut beraten ist, wenn er eine Frau aus seinem Stande heiratet, die geradeso aussieht wie er selbst. Wer also ein Igel ist, der muss zusehen, dass seine Frau auch ein Igel ist, und so weiter.

<><

Das unerschöpfliche Thema der Erschöpfung

*B*ereits im Krippenprogramm finden sich Angebote wie Fremdsprachen erlernen oder musikalische Früherziehung. Solange das alles offen und spielerisch gestaltet ist, macht es den Kindern Spaß – doch viele Eltern wünschen sich für ihr Kind das Beste und versuchen daher, schon früh Begabungen zu entdecken, die dann besonders gefördert werden sollen. Die Kinder wiederum wollen ihren Eltern gefallen und nehmen die Herausforderung an. Oft geht dies auf Kosten von Spaß

und unbeschwerter Kindheit. Die Tage der Kinder sind durchstrukturiert mit Aktivitäten, für freies Spiel mit Freunden und notwendige Entspannung bleibt oft nur wenig Zeit.

Noch offensichtlicher ist der Druck, der in der Schulzeit entsteht, oder aber in Sportarten, die viel Disziplin abverlangen, z. B. Ballett, Reiten, Eiskunstlauf oder Mannschaftssport.

Spätestens jetzt sind neben psychischen Symptomen wie Gereiztheit, Abgeschlagenheit oder Traurigkeit oftmals auch körperliche Symptome zu beobachten: typischerweise Kopfschmerzen, Bauchweh, Schlafstörungen oder verändertes Essverhalten. Letzteres hängt nicht selten auch mit den einzelnen Sportdisziplinen zusammen und findet sich häufig bei jungen Mädchen, die die Nahrungsaufnahme auf ein Minimum beschränken. Doch auch Jungen betrifft diese Problematik zunehmend.

Was kann ich tun?

*L*eistungsdruck ist nicht von Grund auf als schlecht anzusehen. Um z. B. ein Musikinstrument gut zu beherrschen, ist ein gewisses Maß an Ehrgeiz und Disziplin nötig – und der Erfolg kann Ihrem Kind ein gutes Gefühl und Selbstvertrauen geben. Natürlich gilt dies für jedes Hobby, jede Sportart und das Erreichen selbst gesteckter Ziele, z. B. Schulabschlüsse. Problematisch wird es bei „falschem"

Ehrgeiz und Disziplin, die manchmal eine andere Schwäche kompensieren soll, oder aber bei dem Gefühl, Ansprüchen anderer gerecht werden zu müssen.

Die ganz individuelle Balance zwischen Förderung und Überforderung Ihres Kindes zu finden, ist dabei eine Herausforderung, die von Ihnen als Eltern nicht selten einen olympiareifen Spagat verlangt – am besten schaffen Sie ihn in Zusammenarbeit mit Ihrem Kind.

So können Sie Ihrem Kind helfen, mit Leistungsdruck umzugehen:

✳ Beobachten Sie Ihr Kind und nehmen Sie Anforderungen aus dessen Sicht wahr. Sprechen Sie es direkt darauf an, wenn Sie den Eindruck haben, dass es sich überfordert fühlen könnte.

✳ Suchen Sie mit Ihrem Kind gemeinsam Lösungen. Dabei darf erst einmal alles „auf den Tisch": vermeintlich unerfüllbare Wünsche wie auch konkrete Ideen. Erst dann sortieren Sie, was sofort oder in den nächsten Wochen veränderbar ist oder wo ein Ausgleich zu nicht veränderbaren Herausforderungen geschaffen werden muss.

✳ Beobachten Sie Ihr eigenes Verhalten kritisch:

   ✳ Achten Sie selbst auf Ihren Ausgleich oder leben Sie die Rolle des ständigen Leistungserbringers vor? Auch Sie stehen heute unter einem enormen Leistungsdruck: Oft müssen Sie Ratgeber, Erzieher, Lehrer, Freund, Sportförderer usw. gleichzeitig sein. Kinder orientieren sich an den Eltern und ahmen deren Verhalten nach, auch wenn es ihnen selbst nicht guttut.

   ✳ Sind Ihre Wünsche für Ihr Kind vielleicht zu hoch? Nicht jedes Kind muss ein Instrument perfekt beherrschen oder ein Studium absolvieren – für viele Dinge ist später noch genügend Zeit, auch wenn es Umwege bedeutet.

✳ Suchen Sie gemeinsam mit Lehrern, Musikschule, Sportverein etc. Lösungsansätze, um den Druck zu reduzieren und den Spaß wiederzuerwecken.

✳ Sprechen Sie notfalls ein Machtwort! Auch wenn Kinder nichts von ihren Aktivitäten reduzieren oder aufgeben möchten – wenn Sie als Eltern den Eindruck haben, es wächst Ihrem Kind über den Kopf und es finden sich keine machbaren Lösungen, dann treffen Sie selbst Entscheidungen. Obwohl Kinder bereits über viele Entscheidungskompetenzen verfügen, haben Sie die Verantwortung für Ihr Kind, solange es die noch nicht selbst tragen kann.

Darum geht es in
Der Hase und der Igel

*D*as Märchen erzählt uns von cleveren Lösungsmöglichkeiten bei Leistungsdruck, aber auch von falschem Ehrgeiz, der nicht nur an Grenzen bringt, sondern sogar darüber hinausgeht.

Zunächst ist die Stimmung noch ruhig und gemütlich. Der Igel geht im Feld spazieren, während seine Frau sich um die Kinder kümmert. Im Feld trifft er den Hasen und grüßt ihn freundlich. Doch der Hase ist hochmütig, verhöhnt den Igel und provoziert ihn. Der Igel fühlt sich in seinem Stolz verletzt, und um nicht schlecht dazustehen, bietet er dem Hasen einen Wettkampf an: Ein Wettrennen soll zeigen, wer der bessere Läufer ist. Da es nicht

nur um den Wetteinsatz von einem Goldtaler und einer Flasche Schnaps, sondern auch um die Ehre geht, stehen beide Teilnehmer ab sofort unter ordentlichem Druck.

Doch in einem unterscheiden sie sich. Während der Hase sich ganz auf sich selbst und sein Können verlässt, heckt der Igel einen cleveren Plan aus. Er weiß, dass er den Wettlauf allein kaum gewinnen kann, und organisiert sich Unterstützung durch seine Frau: Jeder der Igel stellt sich an einen Endpunkt der Rennstrecke und jedes Mal, wenn der Hase dort ankommt, glaubt er, dass der Igel bereits vor ihm da wäre. So tricksen sie den Hasen gemeinsam aus, der sich voll Wut, Ärger und falschem Ehrgeiz zu Tode rennt.

Das „Hasensyndrom"

*B*lind für eine andere Lösung und blind für die Tricks der anderen rennt der Hase. Er selbst findet keine Ruhe, über Sinn und Unsinn seines Tuns nachzudenken. Er sieht seine eigene Leistungsgrenze nicht und stürzt sich so selbst ins Verderben.

Dieses drastische Ende zeigt, dass es schlimme Folgen haben kann, wenn man einem falschen Ziel hinterherläuft und nicht rechtzeitig erkennt, wann es für einen selbst genug ist, aber auch, dass cleveres Planen und das Bitten um Hilfe Herausforderungen meistern lässt.

Die Moral von der Geschicht …

… findet sich hier, gibt es im Volksmärchen normalerweise aber nicht. So lässt sich dieses Märchen auch als eine Fabel verstehen, denn am Ende sagt es uns deutlich, dass wir uns nicht über andere erheben sollen, auch wenn wir vermeintlich größer sind oder besser dastehen. Ein ergänzendes Thema dazu behandelt das Kapitel *Mobbing* auf Seite 116 ff.

Zum anderen gibt es uns einen heute kaum mehr zu verstehenden und eher komischen Tipp: sich eine Frau (einen Partner) zu nehmen, die einem gleich ist.

Doch was will uns diese Moral sagen? Es gibt Interpretationsspielräume, doch vermutlich ist diese Botschaft dem Zeitgeist des Märchens geschuldet. Damals wurde empfohlen, in den „eigenen Reihen" zu bleiben, nicht „unter Stand" in eine andere Gruppe einzuheiraten oder sich gar einer fremden Kultur anzu-

nehmen. Heute ist dies zum Glück anders und es bietet vielleicht sogar einen großen Mehrwert, einen Menschen aus einer anderen Gruppe oder Nationalität an seiner Seite zu haben.

„Schuster, bleib bei deinen Leisten" ist das deutsche Sprichwort, das zu dieser Botschaft des Märchens passt. Denn wenn der Schuster sich von seinen Leisten wegbewegt, droht ihm ein Unglück … – oder vielleicht doch nur eine Erfahrung, die gleichzeitig Entwicklung bedeutet?

Fragen an Kinder zum Märchen:

* Warum macht sich der Hase über den Igel lustig?
* Warum lässt sich der Igel auf einen Wettkampf ein, obwohl er der Langsamere ist?
* Warum hört der Hase nicht auf zu rennen, obwohl er nicht mehr kann?

Übungen & Spiele

Die besten Strategien gegen Stress und Leistungsdruck und für ein gutes Selbstgefühl sind Achtsamkeit und Entspannung.

Dem Thema *Achtsamkeit* wurde hier ein eigenes Kapitel auf Seite 200 ff. gewidmet, dort finden Sie Tipps, Spiele und Übungen.

Wenn Sie den Eindruck haben, dass Ihr Kind (und vielleicht ja auch Sie) vom Thema Leis-

tungsdruck und mangelndem Gespür für eigene Grenzen betroffen sind, ist speziellere Fachliteratur empfehlenswert. Im Handel finden Sie eine große Auswahl an Büchern zu Entspannungsmethoden, Achtsamkeit und Leistungsdruck bzw. Burn-out. Es gibt darüber hinaus Kurse in verschiedenste Entspannungsmethoden oder Yoga für Erwachsene und auch speziell für Kinder, von denen Sie sicher alle profitieren.

Entspannung hilft Ihrem Kind, im Alltag ruhiger, selbstbewusster und optimistischer zu sein und in Stresssituationen gelassener zu reagieren. Dadurch, dass der Körper nicht mehr in den „Kampf- und Fluchtmodus" schaltet, hat Ihr Kind freien Zugang zu seinen Fähigkeiten, mit Problemen umzugehen. Das Konzentrationsvermögen steigt an und damit die natürliche, gesunde Leistungsfähigkeit.

Die einzige Voraussetzung für das gewinnbringende Einsetzen von Entspannungsmethoden ist das Erlernen und Einüben.

Für jeden Geschmack ist etwas dabei, das Repertoire reicht von Bewegungsspielen und dynamischer Entspannung bis hin zu „Klassikern" wie autogenem Training oder progressiver Muskelentspannung.

Die hier aufgeführten Entspannungsübungen bleiben beschreibend an der Oberfläche. Sie sollen Ihnen Ideen und einen Überblick über Möglichkeiten geben.

Bananen jagen

Sie können mit Ihrem Kind zu zweit spielen, aber es wird lustiger, wenn sich noch ein paar andere Mitspieler finden lassen!

Ein Mitspieler spielt den Affen, die anderen Mitspieler erhalten je eine Banane in die Hand. Der Affe muss sich nun eine Banane erjagen. Hat er es geschafft, wird ein anderer Mitspieler zum Affen. Wer seine Banane gefangen hat, zieht sich in eine ruhige Ecke zurück und muss sich erst einmal von der Jagd ausruhen: Dazu legt er sich auf den Rücken und platziert die Banane so auf dem Bauch, dass er sie gut beobachten kann, wie sie sich zunächst noch ungleichmäßig, dann aber immer regelmäßiger im Rhythmus seines Atems auf und ab bewegt.

Kinder erhalten so ein Gespür und Bewusstsein für ihren eigenen Atem in Aufregung und in Ruhe.

Gib Laut!

Ihr Kind atmet tief ein und lässt, wie eine Biene auf „s" summend, alle Luft wieder entweichen. Wenn Sie diese Übung zu mehreren machen, kann es auch lustig sein, für jede Person einen eigenen Buchstaben zu finden. Besonders geeignet sind alle Vokale (A, E, I, O, U), aber auch das M und das W.

Machen Sie diese Übung nur so oft, dass niemandem schwindlig wird!

Pizzamassage

Spielen Sie mit Ihrem Kind „Pizza backen". Dazu legt sich Ihr Kind auf den Bauch und Sie kneten den Rücken wie einen Teig (mal sanfter, mal fester) und „belegen" ihren Pizzateig dann mit verschiedenen Zutaten: Mit zarten Fingerspitzen „streuen" Sie den Käse drauf und verstreichen ihn noch etwas mit der Handfläche, Fingertupfen sind Oliven, Fingerstriche die Peperoni … Was kommt noch alles auf Ihre Pizza?

Berührungen wirken beruhigend und schaffen Nähe und Geborgenheit. Natürlich wird Ihr Kind auch selbst einmal Pizzabäcker spielen wollen – Rollentausch ist angesagt!

Erfinden Sie Ihre eigenen Massagen: z. B. „Wetterbericht", „Obstkuchen", „Trampelpfad der Tiere" …

Fantasiereise

Ihr Kind legt sich bequem hin und schließt die Augen. (Decken Sie Ihr Kind evtl. zu, das schenkt Wärme und Geborgenheit. Im Sitzen funktioniert die Übung auch, Liegen ist jedoch empfehlenswerter.)

Erzählen oder lesen Sie Ihrem Kind mit ruhigen Worten eine Geschichte: „Du liegst auf einer schönen Blumenwiese. Du bist ganz entspannt. Du spürst, wie die Sonne auf deinen Bauch scheint. Dein Bauch wird ganz warm. Du riechst den Duft des Grases und der Blumen. Du hörst das Zwitschern der Vögel …"

Es gibt Bücher mit Fantasiereisen für Kinder, oder aber Sie denken sich selbst etwas aus. Wie wäre es z. B. mit einer Fahrt in einem sanft schaukelnden Boot oder einem Ausflug auf dem Rücken eines Adlers?

Progressive Muskelentspannung (PME)

Hier geht es darum, den Unterschied zwischen angespannter und entspannter Muskulatur ganz bewusst wahrzunehmen.

Ihr Kind legt sich auf den Rücken, spannt bestimmte Muskeln auf Ihre Anweisung hin an und lässt sie wieder locker. Dabei werden z. B. Fäuste geballt, die Pobacken zusammengekniffen oder das Gesicht zum „Saure-Zitrone-Gesicht" verzogen. Die Anspannung wird einen Moment gehalten, dann werden die Muskeln wieder gelockert. So können Sie und Ihr Kind eine Reise durch den ganzen Körper von den Zehen bis zum Kopf unternehmen. Es gibt Langfassungen und Kurzfassungen der PME, sodass diese Technik individuell angepasst werden kann.

Mandalas

Das Ausmalen von Mandalas wirkt entspannend auf Kinder, denn sie können während dieser meditativen Tätigkeit ihren Gedanken freien Lauf lassen. Vorlagen können Sie in Malbüchern und im Internet finden.

Teamwork
und Zusammenhalt

Gemeinsam stark! Groß, klein, dick, dünn, alt oder jung – in einer Gemeinschaft kann jeder einen Platz finden, an dem er seine persönlichen Fähigkeiten einbringen und von den Talenten anderer profitieren kann. Dazu braucht es jedoch den Respekt des Einzelnen und das Wissen um die eigenen Stärken und Schwächen.

Die Bremer Stadtmusikanten

Es hatte ein Mann einen Esel, der schon lange Jahre die Säcke unverdrossen zur Mühle getragen hatte, dessen Kräfte aber nun zu Ende gingen, sodass er zur Arbeit immer untauglicher ward. Da dachte der Herr daran, ihn aus dem Futter zu schaffen, aber der Esel merkte, dass kein guter Wind wehte, lief fort und machte sich auf den Weg nach Bremen; dort, meinte er, könnte er ja Stadtmusikant werden. Als er ein Weilchen gegangen war, fand er einen Jagdhund auf dem Wege liegen, der japste wie einer, der sich müde gelaufen hat.

„Nun, was japst du so, Packan[1]?", fragte der Esel.

„Ach", sagte der Hund, „weil ich alt bin und jeden Tag schwächer werde, auch auf die Jagd nicht mehr mit kann, hat mich mein Herr totschlagen wollen, da hab ich Reißaus genommen; aber womit soll ich nun mein Brot verdienen?"

„Weißt du was?", sprach der Esel. „Ich gehe nach Bremen und werde dort Stadtmusikant, geh mit und lass dich auch bei der Musik annehmen. Ich spiele die Laute und du schlägst die Pauken."

Der Hund war damit einverstanden und sie gingen weiter. Es dauerte nicht lange, so saß da eine Katze an dem Weg und machte ein Gesicht wie drei Tage Regenwetter. „Nun, was ist dir in die Quere gekommen, alter Bartputzer?", sprach der Esel. „Wer kann da lustig sein, wenn's einem an den Kragen geht", antwortete die Katze, „weil ich nun in die Jahre komme, meine Zähne stumpf werden und ich lieber hinter dem Ofen sitze und schlafe, als nach Mäusen herumzujagen, hat mich meine Herrin ersäufen wollen; ich habe mich zwar noch fortgemacht, aber nun ist guter Rat teuer: Wo soll ich hin?" „Geh mit uns nach Bremen, du verstehst dich doch auf die Nachtmusik, da kannst du ein Stadtmusikant werden."

Die Katze hielt das für gut und ging mit. Darauf kamen die drei Landesflüchtigen an einem Hof vorbei, da saß auf dem Tor der Haushahn und schrie aus Leibeskräften. „Du schreist einem durch Mark und Bein", sprach der Esel. „Was hast du vor?"

---

1   Packan ist der Name des Hundes.

„Da hab ich gut Wetter prophezeit", sprach der Hahn, „weil unserer lieben Frauen Tag ist, wo sie dem Christkindlein die Hemdchen gewaschen hat und sie trocknen will; aber weil morgen zum Sonntag Gäste kommen, so hat die Hausfrau doch kein Erbarmen und hat der Köchin gesagt, sie wollte mich morgen in der Suppe essen, und da soll ich mir heut Abend den Kopf abschneiden lassen. Nun schrei ich aus vollem Hals, solange ich kann."

„Ei was, du Rotkopf", sagte der Esel, „zieh lieber mit uns fort, wir gehen nach Bremen, etwas Besseres als den Tod findest du überall; du hast eine gute Stimme, und wenn wir zusammen musizieren, so muss es eine Art haben."

Der Hahn ließ sich den Vorschlag gefallen und sie gingen alle vier zusammen fort.

Sie konnten aber die Stadt Bremen in einem Tag nicht erreichen und kamen abends in einen Wald, wo sie übernachten wollten. Der Esel und der Hund legten sich unter einen großen Baum, die Katze und der Hahn machten es sich in den Ästen bequem, der Hahn aber flog bis an die Spitze, wo es am sichersten für ihn war. Ehe er einschlief, sah er sich noch einmal nach allen vier Winden um, da deuchte ihn, er sähe in der Ferne ein Fünkchen brennen, und rief seinen Gesellen zu, es müsste gar nicht weit ein Haus sein, denn es scheine ein Licht. Da sprach der Esel: „So müssen wir uns aufmachen und noch hingehen, denn hier ist die Herberge schlecht." Der Hund meinte: „Ein paar Knochen mit etwas Fleisch dran täten mir auch gut."

Also machten sie sich auf den Weg dem Licht entgegen und sahen es bald heller schimmern, und es ward immer größer, bis sie vor ein helles, erleuchtetes Räuberhaus kamen. Der Esel, als der Größte, näherte sich dem Fenster und schaute hinein.

„Was siehst du, Grauschimmel?", fragte der Hahn.

„Was ich sehe?", antwortete der Esel. „Einen gedeckten Tisch mit schönem Essen und Trinken, und Räuber sitzen daran und lassen's sich wohl sein."

„Das wäre was für uns", sprach der Hahn.

„Ja, ja, ach, wären wir da!", sagte der Esel.

Da beratschlagten die Tiere, wie sie es anfangen müssten, um die Räuber hinauszujagen, und fanden endlich ein Mittel. Der Esel musste sich mit den Vorderfüßen auf das Fenster stellen, der Hund auf des Esels Rücken springen, die Katze auf den Hund klettern, und endlich flog der Hahn hinauf und setzte sich der Katze auf den Kopf.

Wie das geschehen war, fingen sie auf ein Zeichen insgesamt an, ihre Musik zu machen: Der Esel schrie, der Hund bellte, die Katze miaute und der Hahn krähte. Dann stürzten sie durch das Fenster in die Stube hinein, dass die Scheiben klirrten. Die Räuber fuhren bei dem entsetzlichen Geschrei in die Höhe, meinten nichts anderes, als ein Gespenst käme herein, und flohen in größter Furcht in den Wald hinaus. Nun setzten sich die vier Gesellen an den Tisch, nahmen mit dem vorlieb, was übrig geblieben war, und aßen nach Herzenslust.

Wie die vier Spielleute fertig waren, löschten sie das Licht und suchten sich eine Schlafstelle, jeder nach seiner Natur und Bequemlichkeit. Der Esel legte sich auf den Mist, der Hund hinter die Tür, die Katze auf den Herd bei der warmen Asche, der Hahn setzte sich auf einen Balken, und weil sie müde waren von ihrem langen Weg, schliefen sie auch bald ein. Als Mitternacht vorbei war und die Räuber von Weitem sahen, dass kein Licht mehr im Haus brannte, auch alles ruhig schien, sprach der Hauptmann: „Wir hätten uns doch nicht ins Bockshorn jagen lassen sollen", und befahl einem Räuber hinzugehen und das Haus zu untersuchen.

Der Geschickte fand alles still, ging in die Küche, um ein Licht anzuzünden, und weil er die glühenden, feurigen Augen der Katze für lebendige Kohlen ansah, hielt er ein Schwefelhölzchen daran, dass es Feuer fangen sollte. Aber die Katze verstand keinen Spaß, sprang ihm ins Gesicht, fauchte und kratzte. Da erschrak er gewaltig, lief davon und wollte zur Hintertüre hinaus, aber der Hund, der da lag, sprang auf und biss ihn ins Bein, und als er über den Hof an dem Misthaufen vorbeikam, gab ihm der Esel noch einen tüchtigen Tritt mit dem Hinterfuß; der Hahn aber, der vom Lärmen aus dem Schlaf geweckt wurde und munter geworden war, rief vom Balken herab: „Kikeriki!"

Da lief der Räuber, was er konnte, zu seinem Hauptmann zurück und sprach: „Ach, in dem Haus sitzt eine gräuliche Hexe, die hat mich angefaucht und mir mit ihren langen Fingern das Gesicht zerkratzt. Und vor der Tür steht ein Mann mit einem Messer, der hat mich ins Bein gestochen. Und auf dem Hof liegt ein schwarzes Ungetüm, das hat mit einer Holzkeule auf mich losgeschlagen. Und oben auf dem Dach, da sitzt der Richter, der rief: „Bringt mir den Schelm her!" Da machte ich, dass ich fortkam."

Von nun an getrauten sich die Räuber nicht weiter in das Haus; den vier Bremer Musikanten gefiel's aber so wohl darin, dass sie nicht wieder herauswollten.

T.E.A.M.: „Toll, Ein Andrer Macht's" oder „Total Erfolgreich Arbeit Machen"?

Fast jeder kennt das: „Ich würde gern dorthin gehen, aber allein … Willst du nicht mitgehen?" Der Mensch ist ein soziales Wesen und sucht die Gemeinschaft. Zum einen, um Unterstützung zu erhalten – seelisch, moralisch oder in Form von tatkräftiger Hilfe. Zum anderen aber auch, weil es einfach mehr Spaß macht.

Und fast jeder profitiert von der Gemeinschaft. Doch was bedeutet es, ein Team zu bilden?

Ein Umzug allein ist z. B. schwer zu schaffen. Doch wenn sich eine Gruppe zusammentut, bei der einer einen LKW fahren kann, einer handwerklich begabt ist oder sich mit Elektronik auskennt, jemand gut mit der Malerrolle umgehen kann, ein paar Leute starke Muskeln haben und sich dann noch jemand findet, der für die ganze Meute den Kochlöffel schwingt, dann klappt die Sache wie am Schnürchen. Die Arbeit geht voran, alles erhält eine Struktur und die Laune hat kaum Grund, in den Keller zu sacken. Den Muskelkater teilen sich auch alle – und können ihn gemeinsam in der Sauna auskurieren.

Teamwork ist gefragt, das gilt im Beruflichen wie im Privaten. Im Kleinen wie im Großen – ein Team beginnt schließlich schon bei nur zwei Leuten.

Es gibt aber noch andere Qualitäten im Teamwork, die nicht direkt mit den persönlichen Stärken zusammenhängen.

* Achtsamkeit: Im Teamwork muss darauf geachtet werden, dass die eigene Arbeit für alle hilfreich ist. Sonst wird es ein Nebeneinanderherarbeiten.
* Verantwortung abgeben und annehmen können: Jeder hat seine Grenzen. Es gehört zum erfolgreichen Teamwork, dass eigene Grenzen erkannt werden und die Verantwortung auch mal an jemand anderen abgegeben wird. Dafür braucht es auch die Gegenseite, die Grenzen anerkennt und die freie Position des Verantwortungspostens

oder der Führung einnimmt. Wenigstens zeitweise. Diese Grenzen können in der persönlichen Leistungsfähigkeit liegen oder aber auch ganz einfach im eigenen Können: Niemand kann alles, manchmal gehört ein Fachmann an die Spitze.

* An das Team glauben: Klar, alle können sich anjammern, wie viel Arbeit zu erledigen ist. Oder aber sich gegenseitig Mut machen, anfeuern und daran glauben, dass gemeinsam das Ziel erreicht wird. Sie haben die Wahl!

* Empathie und Fürsorge: Aufeinander achten und sich in schweren Momenten unterstützen – so fühlt sich jeder in der Gruppe aufgehoben.

Einer für alle, alle für einen! Füreinander da sein, die einzelne Stärke für alle einsetzen und so gemeinsam das Ziel erreichen: Das ist Teamwork.

Darum geht es in *Die Bremer Stadtmusikanten*

Ein alter Esel verlässt sein Zuhause, weil er zu schwach für die tägliche Arbeit geworden ist und mitbekommt, dass sein Besitzer ihm nicht das Gnadenbrot zugestehen will. Er macht sich auf nach Bremen, um dort als Stadtmusikant sein Brot zu verdienen. Er

möchte noch nicht zum alten Eisen gehören, sondern noch einen selbstbestimmten und erfüllten Lebensabend verbringen.

Unterwegs trifft er auf einen Hund, eine Katze und einen Hahn, die auch alle zu alt und schwach für ihre bisherigen Aufgaben geworden sind und deshalb ihr Leben lassen sollen. Sie schließen sich dem Esel an.

Nun sind sie vier Freunde, von denen jeder ein besonderes Talent hat. Der Esel kann Lasten tragen und im Ernstfall mit seinen Hufen treten, der Hund kann mit Gebell und seinem Gebiss jemanden in die Flucht schlagen, die Katze kann hervorragend bei Nacht sehen, ja-

Kleine Symbolkunde

Ein **Esel als Musikant** – das klingt lustig! Doch es steckt viel mehr dahinter. Es ist eine Metapher für den Aufbruch in ein neues Leben. Vielleicht endlich ein verborgenes Talent ausleben oder einfach mal die Lust, etwas Neues auszuprobieren.

gen und ihre Krallen gegen Feinde einsetzen, und der Hahn hat durch seine Flügel den größten Überblick und außerdem das durchdringendste Signalgeschrei.

Nachts nutzt der Hahn seine Fähigkeit, in einen Baum zu fliegen, und verschafft der Gruppe so einen Überblick über die Gegend. Er entdeckt im Wald ein Räuberhaus. Von Hunger und Kälte getrieben machen sich die Tiere sogleich auf den Weg dorthin. Durch das Fenster entdecken sie einen reich gedeckten Tisch, an dem Räuber sitzen. Hungrig hecken sie gemeinsam einen Plan aus, wie sie die Räuber vertreiben können: Sie stellen sich aufeinander, geben ein furchterregendes Konzert und stürzen durchs Fenster ins Räuberhaus. Die Räuber fliehen voll Panik, sodass die Tiere sich satt essen können. Als sie sich zum Schlafen legen, kehrt einer der Räuber zurück, um zu sehen, ob die Gefahr bereits wieder vorbei ist. Doch er wird von Katzenkrallen, Hundegebiss, Eselhufen und Hahnengeschrei so übel zugerichtet und erschreckt, dass die Räuber endgültig fliehen.

Fragen an Kinder zum Märchen:

* ✦ Kennst du Beispiele für Teams? Wieso finden sich diese Leute zusammen?
* ✦ Wie viele Leute gehören mindestens zu einem Team?
* ✦ Wie kann man herausfinden, was man besonders gut (ins Team einbringen) kann?
* ✦ Was ist wichtig für funktionierendes Teamwork?
* ✦ Gibt es auch Beispiele für Teams, die aus Menschen und Tieren gemischt bestehen?
* ✦ Was ist das Besondere an solchen Teams?
* ✦ Was passiert mit Menschen oder Tieren im Team, die zu alt/schwach werden? Welche Aufgaben hätten die Tiere zu Hause vielleicht noch übernehmen können?
* ✦ Was können alte Menschen von den Tieren in diesem Märchen lernen?

Die Tiere bleiben von nun an im Häuschen wohnen und werden sicherlich nicht mehr so schnell gestört werden. Von nun an achten sie gegenseitig auf sich und sorgen füreinander.

So funktioniert's

Jedes der Tiere kann den früheren Aufgaben nicht mehr nachkommen und ist deshalb unerwünscht in der Heimat. Aus dieser Not heraus bildet sich eine bunt zusammengewürfelte Zweckgemeinschaft. Alle wollen sie leben und einen Platz im Leben finden, an dem sie anerkannt und wertgeschätzt werden. Jeder Einzelne von ihnen wäre in der Begegnung mit den Räubern unterlegen, so aber setzen alle ihre individuelle Stärke ein und gemeinsam meistern sie die Herausforderung. Echtes Teamwork!

Übungen & Spiele

Generell kann vieles helfen, ein Gefühl für Teamwork und Zusammenhalt zu bekommen. Gemeinsame Erlebnisse, gemeinschaftlich bewältigte Aufgaben und erreichte Ziele sind starke Antreiber, ein gutes und starkes Gemeinschaftsgefühl zu bekommen. Die besten Übungen für Teamwork hält das Leben mit seinen Herausforderungen selbst bereit, doch es gibt Übungen, die die Teambildung unterstützen können. Gemeinschaftsprojekte wie der Bau eines Baumhauses, das gemeinsame Gestalten des Jugendzentrums etc. wären einfache Beispiele. Die Übungen & Spiele aus dem Kapitel *Patchworkfamilie und Toleranz* (siehe Seite 84 ff.) ergänzen die hier aufgeführten:

Klettern

Das Klettern ist eine tolle Kombination von erfolgreicher Einzelarbeit und vertrauensvoller und enger Zusammenarbeit. Zwei Leute setzen sich ein gemeinsames Ziel:

Der eine erklimmt die Kletterwand oder den Berg, der andere sichert den Kletternden ab, warnt ihn, wenn nötig, gibt Tipps, die nur er aus seiner Position sehen kann, oder verschafft dem Kletterer Verschnaufpausen. Obwohl die Tätigkeiten so unterschiedlich sind, braucht es beide Partner, um das Ziel zu erreichen. Allein klettern ist gefährlich und anstrengend. Allein der Sichernde zu sein, absolut sinnlos. Der Erfolg des Einzelnen ist der Erfolg beider.

Das Klettern bietet Eltern eine gute Möglichkeit, eine besondere Verbindung zu ihrem Kind aufzubauen. Es ist unbedingt nötig, auf den anderen zu achten, mit seiner ganzen Aufmerksamkeit und Konzentration da zu sein. Da Kinder keine Erwachsenen sichern können, sollten Sie bedenken, dass Sie eine Begleitung benötigen, wenn Sie auch klettern wollen. Ihr Kind könnte aber die Aufgabe des Anfeuernden übernehmen oder Ihnen Tipps geben, wo Sie den nächsten Halt finden. Vielleicht schenken Sie sich ja als Familie einen gemeinsamen Kletterkurs in der Kletterhalle.

Für Kinder gibt es spezielle Kinderkurse. Dort lernt das Kind die Fähigkeit, ein wertvoller Teampartner zu sein. Die Entwicklung eines guten Körpergefühls, das wachsende Selbstvertrauen und die verbesserte Auge-Hand-Fuß-Koordination sind positive „Nebeneffekte".

Hochseilgarten/Kletterwald

Die Erfahrungen in einem Hochseilgarten sind ähnlich wie beim Klettern. Hier geht es nicht darum, eine Wand oder einen Berg zu erklimmen, sondern einen spannenden und abwechslungsreichen Parcours in luftiger Höhe zu meistern. Also das Richtige für alle Abenteurer! Das Überwinden und Meistern der schwierigen Wegstrecken verleiht Ihrem Kind Mut, Stärke und Selbstvertrauen. Wichtig ist es jedoch, dass Sie Ihr Kind in seinen eigenen Entscheidungen unterstützen und tolerieren, wenn es Angst hat und eine Station nicht begehen will. Vielleicht

schaffen Sie es gemeinsam, diese schwierige Stelle zu überwinden und freuen sich über ihren Erfolg als Team.

Schnitzeljagd

Dieses altbekannte Spiel bietet eine tolle Möglichkeit, als Team aktiv zu werden und gemeinsame Erfahrungen zu machen. Während das eine Team sich eine Strecke mit bestimmten Hinweisen ausdenkt und vorbereitet, muss das andere Team gemeinsam Rätsel lösen und suchen. Das Geocaching ist heute eine beliebte Variante der Schnitzeljagd. Wenn Ihnen so etwas mehr Spaß macht, dann organisieren Sie sich als Familie (vielleicht auch mit Freunden) in Teams und treten einfach gegeneinander mit denselben Informationen an oder erstellen Ihre ganz persönliche Geocachingstrecke.

Gordischer Knoten

Die Teilnehmer stehen in einem Kreis. Alle schließen die Augen und heben die Arme. Dann fasst jeder zwei zufällig gewählte andere Hände an und hält sie fest. Die Augen werden wieder geöffnet. Nun muss das entstandene Knäuel zu einem Kreis entknotet werden, durch Darüber- und Daruntersteigen, ohne dass sich die Hände loslassen.

Dieses Spiel kann als bildliche Metapher gesehen werden, dass man auch in einer schwierigen und verworrenen Situation gemeinsam eine Lösung finden kann.
Als erschwerte Variante kann die Übung blind oder stumm durchgeführt werden. Anstelle der Hände kann auch ein langes Seil verwendet werden.

Teilen und Einsamkeit

Anderen geben, selbst nehmen – Teilen will gelernt sein.
Doch bitte freiwillig: Kinder, die erfahren dürfen,
dass Teilen den Gebenden und den Nehmenden
belohnt, können auch als Erwachsene großzügiger sein,
ohne ein Gefühl von Mangel zu empfinden.

Die Sterntaler

Es war einmal ein kleines Mädchen, dessen Vater und Mutter gestorben waren, und es war so arm, dass es kein Kämmerchen mehr hatte, um darin zu wohnen, und kein Bettchen mehr hatte, um darin zu schlafen, und endlich gar nichts mehr als die Kleider auf dem Leib und ein Stückchen Brot in der Hand, das ihm ein Mensch mit einem mitleidigen Herz geschenkt hatte. Es war aber gut und fromm. Und weil es so von aller Welt verlassen war, ging es im Vertrauen auf den lieben Gott hinaus in die weite Welt.

Da begegnete ihm ein armer Mann, der sprach: „Ach, gib mir etwas zu essen, ich bin so hungrig." Es reichte ihm das ganze Stückchen Brot und sagte: „Gott segne's dir" und ging weiter. Da kam ein Kind, das jammerte und sprach: „Es friert mich so an meinem Kopf, schenk mir etwas, womit ich ihn bedecken kann." Da nahm es seine Mütze ab und gab sie ihm. Und als es noch eine Weile gegangen war, kam wieder ein Kind und hatte kein Hemdchen an und fror: Da gab es ihm seins. Als das Mädchen weiterging, da bat es ein Kind um sein Röcklein, das gab es ihm auch. Endlich gelangte es in einen Wald, und es war schon dunkel geworden, da kam noch eins und bat um ein Hemdlein, und das fromme Mädchen dachte: „Es ist dunkle Nacht, da sieht dich niemand, du kannst wohl dein Unterhemd weggeben", und zog es aus und gab es auch noch weg.

Und wie es so stand und gar nichts mehr hatte, fielen auf einmal die Sterne vom Himmel und waren lauter blanke Taler; und ob es gleich sein Hemdlein weggegeben, so hatte es ein neues an, und das war aus allerfeinstem Stoff. Da sammelte es die Taler hinein und war reich für sein Lebtag.

Geteiltes Leid ist halbes Leid, geteilte Freude ist doppelte Freude

Teilen wird meist mit materiellen Dingen in Verbindung gebracht. Doch auch das Teilen von Zeit, Erlebnissen und schönen Momenten trägt zum persönlichen Reichtum bei. Einsamkeit ist in unserer heutigen Gesellschaft ein großes Thema. Viele sind auf der Suche nach Geborgenheit und einem sicheren Platz in der Gemeinschaft. Meist fehlt der Familienverbund schon über mehrere Generationen hinweg. Gerade Einzelkinder sind häufig bereits nach dem Tod der Eltern auf sich allein gestellt. Umso wichtiger ist es, dass Ihr Kind schon früh begreift, dass Teilen reicher macht: vor allem an sozialer Gemeinschaft und den damit verbundenen schönen und geborgenen Momenten. Aber auch materiell, indem andere meist bereitwilliger von sich geben, wenn sie selbst empfangen.

Natürlich gilt dies für jedes Kind. Doch gerade Einzelkinder benötigen Eltern, die ihnen das Leben in der Gemeinschaft vorleben.

Darum geht es in *Die Sterntaler*

Da ist ein armes Mädchen, das selbst fast nichts mehr hat: kein Bettchen, fast keine Kleider. Nicht einmal Eltern, die für es sorgen könnten oder ihm sagen, was es in seiner Not tun könnte. Doch es macht die gute Erfahrung, dass es Menschen gibt, die teilen. So schenkt ihm jemand ein Stück Brot und das Mädchen spürt, wie gut es tut, von etwas zu bekommen, was man selbst nicht hat. So kann es sich auch sehr gut einfühlen, als es auf den

Kleine Symbolkunde

Die **Sterne**, die auf das Mädchen herab-
fallen, stehen hier symbolisch für Freund-
schaft, Liebe und Wärme, die das Kind als
Belohnung dafür erhält, dass
es so selbstlos geteilt hat.

armen hungrigen Mann trifft, der das Mädchen um Essen bittet. Das Mädchen gibt ihm
das einzige Stück Brot, das es selbst hat. Auch
den frierenden Kindern, die es auf seinem
Weg trifft, gibt es all das, was es sonst noch
mit sich trägt: seine Mütze und seine Kleider.
Als es schließlich selbst nichts mehr hat, fallen
Sterne herab und werden zu Talern, die es auf-
sammeln kann, und es hat neue Kleider an. Es
ist reich für sein Lebtag.

Ein Kind im Sandkasten findet sehr schnell
heraus, dass es mehr Freude macht, Schaufel
und Eimer mit anderen zu teilen und gemeinsam eine schöne Zeit zu verbringen, als allein
vor sich hin zu buddeln. Doch wirklich Spaß
macht das nur, wenn Ihr Kind selbst teilen
möchte.

Kindern vermittelt das Märchen oft den Spaß
und die Freude, belohnt zu werden, wenn sie
mit anderen teilen. Sie können sich das Mädchen zum Vorbild nehmen.

Die andere Seite der Medaille

M anchmal gibt es Zeiten, in denen jemand etwas ganz für sich allein
braucht, um gesund zu bleiben, sich wohl-
zufühlen oder selbst Erfahrungen zu machen.
Das Wort „gesunder Egoismus" taucht in diesem Zusammenhang oft auf. Viele Erwachsene

Kleine Symbolkunde

Taler stehen hier für den inneren Reichtum
der Erfahrungen, des Selbstvertrauens und
der inneren Stärke, die es nun hat, aber
auch den äußerlichen Reichtum des Geldes
und der damit verbundenen Möglichkeit,
nun für sich zu sorgen. Sie hat eine Entwicklung durchlaufen, die das Märchen
durch das Herabregnen der Sterntaler
symbolisiert.

mutterseelenallein durch die Welt. Immer wieder hat es Kontakt zu anderen Menschen, mit denen es sein Essen und seine Kleider teilt. Doch es bleibt immer allein. Als es für seine Wohltätigkeit mit Sterntalern belohnt wird, kann ein neues Leben für das Mädchen beginnen. Es hat ausgesorgt und kann zurück in die Gesellschaft gehen.

Fragen an Kinder zum Märchen:

* Warum hat das Mädchen den anderen etwas abgegeben?
* „Geteiltes Leid ist halbes Leid, geteilte Freude ist doppelte Freude": Was bedeutet dieses Sprichwort?
* Darf man manchmal auch etwas für sich selbst behalten? Wann?
* Hast du dich auch schon mal gefreut, weil jemand etwas mit dir geteilt hat?
* Wann bist du mal für dein Teilen belohnt worden?
* Wann warst du mal allein?
* Was bedeutet Alleinsein für dich?
* Was, glaubst du, macht das Mädchen nun mit den ganzen Talern?

klagen darüber, dass sie als Kind immer mit Geschwistern teilen mussten, nie etwas „nur für sich" erhalten haben oder behalten durften. Natürlich ist das manchmal schwer, gerade in Familien, die finanziell keine großen Sprünge machen können. Doch vielleicht finden sich dann andere Dinge, die ein Kind ganz für sich allein bekommt, z. B. exklusive „Mama- oder Papazeit", die es dann nicht mit Geschwistern oder elterlichen Pflichten zu teilen hat.

Einsamkeit im Märchen
Die Sterntaler

Ein weiteres Thema dieses Märchens ist die Einsamkeit, die in der Geschichte deutlich spürbar ist. Das Mädchen wandert

Übungen & Spiele

Teilen sollte nicht eingeübt werden, sondern ganz spielerisch vermittelt, um die Vorzüge für Ihr Kind sichtbar zu machen.

Hierfür sind die Übungen & Spiele in den beiden Kapiteln auf den Seiten 84 ff. und 68 ff. hervorragend geeignet.

Patchworkfamilie und Toleranz

Nicht nur im Märchen sind sie da: Stiefeltern, Stiefgeschwister und mit ihnen die Herausforderung, seine eigene Rolle neu zu definieren und seinen Platz zu finden. Friede, Freude, Eierkuchen sind gerade anfangs in den neuen Konstellationen eher selten.

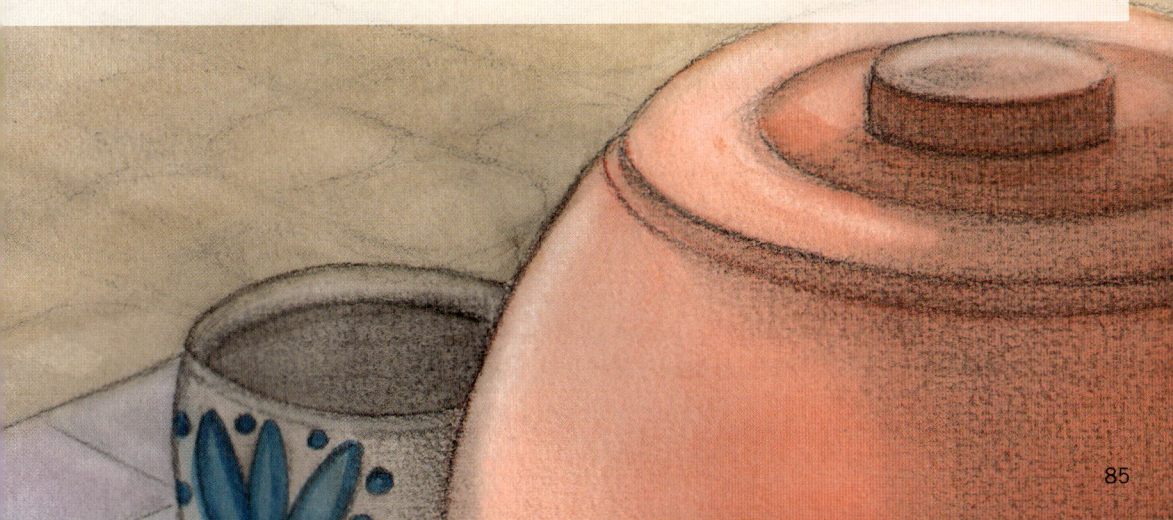

Aschenputtel

Einem reichen Manne, dem wurde seine Frau krank, und als sie fühlte, dass sie sterben würde, rief sie ihr einziges Töchterlein zu sich ans Bett und sprach: „Liebes Kind, bleibe lieb und gut, so wird dir der liebe Gott immer beistehen und ich will vom Himmel auf dich herabblicken und auf dich aufpassen." Darauf tat sie die Augen zu und starb. Das Mädchen ging jeden Tag hinaus zu dem Grab der Mutter und weinte, und blieb lieb und gut. Als der Winter kam, deckte der Schnee ein weißes Tüchlein auf das Grab, und als die Sonne im Frühjahr es wieder herabgezogen hatte, nahm sich der Mann eine andere Frau.

Die Frau hatte zwei Töchter mit ins Haus gebracht, die schön waren, aber garstig und von Herzen böse. Da fing eine schlimme Zeit für das arme Stiefkind an.

„Soll die dumme Gans bei uns in der Stube sitzen!", sprachen sie. „Wer Brot essen will, muss es sich verdienen: hinaus mit der Küchenmagd!" Sie nahmen ihr ihre schönen Kleider weg, zogen ihr einen grauen, alten Kittel an und gaben ihr hölzerne Schuhe. „Seht einmal die stolze Prinzessin, wie sie aussieht!", riefen sie, lachten und führten sie in die Küche. Da

musste das arme Mädchen von morgens bis abends schwere Arbeit tun, ganz früh aufstehen, Wasser tragen, Feuer anmachen, kochen und waschen. Obendrein waren die Schwestern böse zu ihr, verspotteten sie und schütteten ihr die Erbsen und Linsen in die Asche, sodass sie sitzen und sie wieder auslesen musste. Abends, wenn sie sich müde gearbeitet hatte, durfte sie nicht in ein Bett, sondern musste sich neben den Herd in die Asche legen. Und weil es darum immer staubig und schmutzig aussah, nannten ihre Stiefschwestern sie Aschenputtel.

Es trug sich zu, dass der Vater längere Zeit zur Arbeit wegmusste, da fragte er die beiden Stieftöchter, was er ihnen mitbringen sollte.

„Schöne Kleider", sagte die eine.

„Perlen und Edelsteine", sagte die zweite.

„Aber du, Aschenputtel", sprach er, „was willst du haben?"

„Vater, der erste Zweig, der Euch auf Eurem Heimweg an den Hut stößt, den brecht für mich ab!"

Der Vater kaufte nun für die beiden Stiefschwestern schöne Kleider, Perlen und Edelsteine und auf dem Rückweg, als er durch einen grünen Busch ritt, streifte ihn ein Haselnusszweig und stieß ihm den Hut ab. Da brach er den Zweig ab und nahm ihn mit. Als er nach Hause kam, gab er den Stieftöchtern, was sie sich gewünscht hatten, und dem Aschenputtel brachte er den Zweig von dem Haselnussbusch. Aschenputtel dankte ihm, ging zum Grab seiner Mutter und pflanzte den Zweig darauf und weinte so sehr, dass die Tränen darauf niederfielen und ihn begossen. Der Zweig wuchs aber und ward ein schöner Baum. Aschenputtel ging alle Tage dreimal darunter, weinte und betete, und allemal kam ein weißes Vöglein auf den Baum, und wenn es einen Wunsch aussprach, so warf ihm das Vöglein herab, was Aschenputtel sich gewünscht hatte.

Es begab sich aber, dass der König ein Fest hielt, das drei Tage dauern sollte, und wozu alle schönen Jungfrauen im Lande eingeladen wurden, damit sich sein Sohn eine Braut aus-suchen möge. Die zwei Stiefschwestern, als sie hörten, dass sie auch auf dem Fest erscheinen sollten, waren guter Dinge, riefen Aschenputtel und sprachen: „Kämm uns die Haare, bürste uns die Schuhe und mache uns die Schnallen fest, wir gehen zur Hochzeit auf des Königs Schloss."

Aschenputtel gehorchte, weinte aber, weil es auch gern zum Tanz mitgegangen wäre, und bat die Stiefmutter, sie möge es ihm erlauben.
„Aschenputtel", sprach sie, „du bist voll Staub und Schmutz und willst zur Hochzeit? Du hast keine Kleider und Schuhe und willst tanzen!"
Als es aber mit Bitten anhielt, sprach sie endlich: „Da habe ich dir eine Schüssel Linsen in die Asche geschüttet, wenn du die Linsen in zwei Stunden wieder eingesammelt hast, so sollst du mitgehen."
Das Mädchen ging durch die Hintertür nach dem Garten und rief: „Ihr zahmen Täubchen, ihr Turteltäubchen, all ihr Vöglein unter dem Himmel, kommt und helft mir lesen,

> die guten ins Töpfchen,
> die schlechten ins Kröpfchen."

Da kamen zum Küchenfenster zwei weiße Täubchen herein und danach die Turteltäubchen, und endlich schwirrten und schwärmten alle Vöglein unter dem Himmel herein und ließen sich um die Asche nieder. Und die Täubchen nickten mit ihren Köpfchen und fingen an, pick, pick, pick, pick, und da fingen die übrigen auch an, pick, pick, pick, pick, und lasen alle guten Linsen in die Schüssel. Kaum war eine Stunde herum, so waren sie schon fertig und flogen alle wieder hinaus.

Da brachte das Mädchen die Schüssel der Stiefmutter, freute sich und glaubte, es dürfte nun mit auf die Hochzeit gehen. Aber sie sprach: „Nein, Aschenputtel, du hast keine Kleider, und kannst nicht tanzen: Du wirst nur ausgelacht."

Als es nun weinte, sprach sie: „Wenn du mir zwei Schüsseln voll Linsen in einer Stunde aus der Asche lesen kannst, so sollst du mitgehen" und dachte: „Das kann es ja nimmermehr schaffen." Als sie die zwei Schüsseln Linsen in die Asche geschüttet hatte, ging das Mädchen durch die Hintertür nach dem Garten und rief: „Ihr zahmen Täubchen, ihr Turteltäubchen, all ihr Vöglein unter dem Himmel, kommt und helft mir lesen,

> die guten ins Töpfchen,
> die schlechten ins Kröpfchen."

Da kamen zum Küchenfenster zwei weiße Täubchen herein und danach die Turteltäubchen, und endlich schwirrten und schwärmten alle Vöglein unter dem Himmel herein und ließen sich um die Asche nieder. Und die Täubchen nickten mit ihren Köpfchen und fingen an, pick, pick, pick, pick, und da fingen die übrigen auch an, pick, pick, pick, pick, und lasen alle guten Linsen in die Schüssel. Und ehe eine halbe Stunde vorbei war, waren sie schon fertig, und flogen alle wieder hinaus. Da trug das Mädchen die Schüsseln zu der Stiefmutter, freute sich und glaubte, nun dürfte es mit auf die Hochzeit gehen. Aber sie sprach: „Es hilft dir alles nichts: Du kommst nicht mit, denn du hast keine Kleider und kannst nicht tanzen; wir müssten uns deiner schämen." Darauf kehrte sie ihm den Rücken zu und eilte mit ihren zwei stolzen Töchtern fort.

Als nun niemand mehr daheim war, ging Aschenputtel zu seiner Mutter Grab unter den Haselbaum und rief:

> „Bäumchen, rüttel dich und schüttel dich,
> wirf Gold und Silber über mich."

Da warf ihm der Vogel ein goldenes und silbernes Kleid herunter und mit Seide und Silber verzierte Schuhe. In aller Eile zog es das Kleid an und ging zur Hochzeit. Seine Schwestern aber und die Stiefmutter kannten es nicht und meinten, es müsse eine fremde Königstochter sein, so schön sah es in dem goldenen Kleide aus. An Aschenputtel dachten sie gar nicht und glaubten, es säße daheim im Schmutz und suchte die Linsen aus der Asche. Der Königssohn kam ihm entgegen, nahm es bei der Hand und tanzte mit ihm. Er wollte auch sonst mit niemand anderem tanzen, sodass er Aschenputtels Hand nicht losließ, und wenn ein anderer kam, es aufzufordern, sprach er: „Das ist meine Tänzerin."

Aschenputtel tanzte, bis es Abend war, da wollte es nach Hause gehen. Der Königssohn aber sprach: „Ich gehe mit und begleite dich." Denn er wollte sehen, wem das schöne Mädchen angehörte. Es entwischte ihm aber und sprang in das Taubenhaus.

Nun wartete der Königssohn, bis der Vater kam, und sagte ihm, das fremde Mädchen wäre in das Taubenhaus gesprungen. Der Alte dachte: „Sollte es Aschenputtel sein?" Sie mussten ihm Axt und Hacken bringen, damit er das Taubenhaus entzweischlagen konnte; aber es war niemand darin. Und als sie ins Haus kamen, lag Aschenputtel in seinen schmutzigen Kleidern in der Asche, und ein trübes Öllämpchen brannte im Schornstein; denn Aschenputtel war geschwind aus dem Taubenhaus hinten herabgesprungen und zu dem Haselbäumchen gelaufen: Da hatte es die schönen Kleider ausgezogen und aufs Grab gelegt, und der Vogel hatte sie wieder weggenommen und dann hatte es sich in seinem grauen Kittelchen in die Küche zur Asche gesetzt.

Am andern Tag, als das Fest von Neuem begann und die Eltern und Stiefschwestern wieder fort waren, ging Aschenputtel zu dem Haselbaum und sprach:

> „Bäumchen, rüttel dich und schüttel dich,
> wirf Gold und Silber über mich!"

Da warf der Vogel ein noch viel schöneres Kleid herab als am vorigen Tag. Und als es mit diesem Kleide auf der Hochzeit erschien, staunte jedermann über seine Schönheit. Der Königssohn aber hatte gewartet, bis es kam, nahm es gleich bei der Hand und tanzte nur allein mit ihm. Wenn die andern kamen und es aufforderten, sprach er: „Das ist meine Tänzerin."

Als es nun Abend war, wollte es fort, und der Königssohn ging ihm nach und wollte sehen, in welches Haus es ging, aber es sprang ihm fort und in den Garten hinter dem Haus. Darin stand ein schöner großer Baum, an dem die herrlichsten Birnen hingen, es kletterte so schnell wie ein Eichhörnchen zwischen die Äste, und der Königssohn wusste nicht, wo es hingegangen war. Er wartete aber, bis der Vater kam, und sprach zu ihm: „Das fremde Mädchen ist mir entwischt, und ich glaube, es ist auf den Birnbaum gesprungen." Der Vater dachte: „Sollte es Aschenputtel sein?", ließ sich die Axt holen und hieb den Baum um, aber es war niemand darauf.

Und als sie in die Küche kamen, lag Aschenputtel da in der Asche, wie sonst auch, denn es war auf der andern Seite vom Baum herabgesprungen, hatte dem Vogel auf dem Haselnussbäumchen die schönen Kleider wiedergebracht und sein graues Kittelchen angezogen.

Am dritten Tag, als die Eltern und Schwestern fort waren, ging Aschenputtel wieder zu seiner Mutter Grab und sprach zu dem Bäumchen:

„Bäumchen, rüttel dich und schüttel dich,
wirf Gold und Silber über mich!"

Nun warf ihm der Vogel ein Kleid herab, das war so prächtig und glänzend, wie es noch keins gehabt hatte, und die Schuhe waren ganz aus Gold. Als es in dem Kleid zu der Hochzeit kam, wussten sie alle nicht, was sie vor Verwunderung sagen sollten. Der Königssohn tanzte ganz allein mit ihm, und wenn es einer aufforderte, sprach er: „Das ist meine Tänzerin."

Als es nun Abend war, wollte Aschenputtel fort, und der Königssohn wollte es begleiten, aber es entsprang ihm so geschwind, dass er nicht folgen konnte. Der Königssohn hatte aber eine List gebraucht und hatte die ganze Treppe mit Pech bestreichen lassen. Da war, als es hinabsprang, der linke Schuh des Mädchens hängen geblieben. Der Königssohn hob ihn auf, und er war klein und zierlich und ganz golden. Am nächsten Morgen ging er damit zu dem Mann und sagte zu ihm: „Keine andere soll meine Gemahlin werden als die, an deren Fuß dieser goldene Schuh passt."

Da freuten sich die beiden Schwestern, denn sie hatten schöne Füße. Die älteste ging mit dem Schuh in die Kammer und wollte ihn anprobieren, und die Mutter stand dabei. Aber sie konnte mit der großen Zehe nicht hineinkommen, und der Schuh war ihr zu klein, da reichte ihr die Mutter ein Messer und sprach: „Hau die Zehe ab! Wenn du Königin bist, so brauchst du nicht mehr zu Fuß zu gehen." Das Mädchen hieb die Zehe ab, zwängte den Fuß in den Schuh, verbiss den Schmerz und ging hinaus zum Königssohn.

Da nahm er sie als seine Braut aufs Pferd und ritt mit ihr fort. Sie mussten aber an dem Grabe vorbei, da saßen die zwei Täubchen auf dem Haselnussbäumchen und riefen:

„Rucke di guh, rucke di guh,
Blut ist im Schuh.
Der Schuh ist zu klein,
die rechte Braut sitzt noch daheim."

Da blickte er auf ihren Fuß und sah, wie das Blut herausquoll. Er wendete sein Pferd, brachte die falsche Braut wieder nach Hause und sagte, das wäre nicht die rechte, die andere Schwester solle den Schuh anziehen. Da ging diese in die Kammer und kam mit den Zehen glücklich in den Schuh, aber die Ferse war zu groß. Da reichte ihr die Mutter ein Messer und sprach: „Hau ein Stück von der Ferse ab! Wenn du Königin bist, brauchst du nicht mehr zu Fuß gehen." Das Mädchen hieb ein Stück von der Ferse ab, zwängte den Fuß in den Schuh, verbiss sich den Schmerz und ging hinaus zum Königssohn.

Da nahm er sie als seine Braut aufs Pferd und ritt mit ihr fort. Als sie an dem Haselnussbäumchen vorbeikamen, saßen die zwei Täubchen darauf und riefen:

„Rucke di guh, rucke di guh,
Blut ist im Schuh.
Der Schuh ist zu klein,
die rechte Braut sitzt noch daheim."

Er blickte nieder auf ihren Fuß und sah, wie das Blut aus dem Schuh quoll und an den weißen Strümpfen ganz rot hinaufgestiegen war. Da wendete er sein Pferd und brachte die falsche Braut wieder nach Hause. „Das ist auch nicht die rechte", sprach er. „Habt ihr keine andere Tochter?"

„Nein", sagte der Mann, „nur von meiner verstorbenen Frau ist noch ein kleines, armes Aschenputtel da. Das kann unmöglich die Braut sein."

Der Königssohn sprach, er sollte es heraufschicken, die Mutter aber antwortete: „Ach nein, das ist viel zu schmutzig, das darf sich nicht sehen lassen".

Er wollte es aber durchaus sehen, und Aschenputtel musste gerufen werden. Da wusch es sich erst Hände und Angesicht, ging dann hin und verneigte sich vor dem Königssohn, der ihm den Schuh reichte. Dann setzte es sich auf einen Schemel, zog den Fuß aus dem schweren Holzschuh und steckte ihn in den goldenen Schuh, der passte wie angegossen. Und als es sich aufrichtete und der König ihm ins Gesicht blickte, so erkannte er das schöne Mädchen, das mit ihm getanzt hatte, und rief: „Das ist die rechte Braut."

Die Stiefmutter und die beiden Schwestern erschraken und wurden bleich vor Ärger. Er aber nahm Aschenputtel aufs Pferd und ritt mit ihm fort. Als sie an dem Haselnussbäumchen vorbeikamen, riefen die zwei weißen Täubchen:

„Rucke die guh, rucke di guh,
kein Blut ist im Schuh.
Der Schuh ist nicht zu klein,
die rechte Braut, die führt er heim."

Und als sie das gerufen hatten, kamen sie beide hinabgeflogen und setzten sich dem Aschenputtel auf die Schultern, eine rechts, die andere links, und blieben da sitzen.

Als die Hochzeit mit dem Königssohn gehalten werden sollte, kamen die falschen Schwestern, wollten sich einschmeicheln und teil an seinem Glück nehmen. Als die Brautleute nun zur Kirche gingen, war die älteste zur rechten, die jüngste zur linken Seite.
Da pickten die Tauben einer jeden das eine Auge aus. Hernach, als sie herausgingen, waren die älteste zur linken und die jüngste zur rechten. Da pickten die Tauben einer jeden das andere Auge aus. Nun waren sie also für ihre Bosheit und Falschheit mit Blindheit ihr Leben lang bestraft.

Warum fällt es meinem Kind so schwer?

Sogenannte Patchworkfamilien, in denen ein neuer Elternteil – oft sogar mit eigenen Kindern – zu einer kleinen Familie hinzukommt, sind heute keine Ausnahme mehr.

Das, was Ihrem Kind im Gegensatz zu Ihnen erst einmal fehlt, sind die Verliebtheit in den neuen Partner (und die damit oft verbundene fraglose Akzeptanz der mitgebrachten Kinder) und die Vorstellung, dass Sie als Erwachsener

So kann das Zusammenleben klappen:

* Bemühen Sie sich um Offenheit. Erklären Sie, dass Sie Ihren neuen Partner lieben und dass es Bedürfnisse gibt, die Ihnen nur ein Erwachsener erfüllen kann.

* Zeigen Sie Ihrem Kind, dass sich an dem Verhältnis zwischen Ihnen nichts verändert und es sich Ihrer Zuneigung weiter sicher sein darf.

* Tolerieren Sie keine Hetzereien – weder innerhalb der neuen Familie noch gegen einen der außenstehenden Elternteile. Suchen Sie wenn möglich deren Unterstützung, um dem Kind zu zeigen, dass sich zwar die familiären Konstellationen verändert haben, nicht jedoch die jeweiligen Gefühle der Eltern den Kindern gegenüber.

* Spielen Sie niemandem etwas vor. Neue Partner würden den Prozess des Zusammenwachsens häufig gern beschleunigen, indem sie um die kindliche Gunst buhlen – lassen Sie es. Kinder spüren so etwas und gehen auf Abstand. Bitten Sie Ihren neuen Partner um Geduld.

* Fordern Sie Höflichkeit und Respekt als Basis des Zusammenlebens. Hierin liegt die große Stärke von Patchworkkindern: Häufig zeigen Sie später besonders viel soziale Kompetenz und Kompromissbereitschaft.

* Führen Sie regelmäßige Familienkonferenzen ein, in denen jedes Familienmitglied Bedürfnisse, Wünsche und Schwierigkeiten nach festgelegten Regeln äußern darf.

* Nehmen Sie alles ernst und versuchen Sie gemeinsam, Lösungen zu finden, um jedem Einzelnen möglichst gerecht zu werden. Die Anstrengung lohnt sich: So erhält jeder seinen Raum und erfährt Respekt gegenüber seinen Bedürfnissen. Ärger kann sich nicht anstauen.

* Lassen Sie sich Zeit, so schwer das auch ist. Schaffen Sie sich auch als Paar Ihren Freiraum, um aus Ihrer Liebe Kraft für den Alltag zu gewinnen.

Kind zu einer kleinen verschworenen Gemeinschaft zusammengewachsen, die nun erweitert werden soll. Eifersucht wird zum Thema und die Angst, Sie an den neuen Partner zu verlieren und damit auch die besondere Stellung bei Ihnen, die es bislang hatte. Wenn dann noch Stiefgeschwister mit ähnlichen Gefühlen dazu kommen, brodelt es so richtig im Topf.

auch einen erwachsenen Partner brauchen und wünschen. Ihr Kind wird möglicherweise hin und her gerissen sein zwischen dem Wunsch, dass es Ihnen gut geht und dem Gefühl des Verrats am leiblichen Elternteil, der „zurück" bleibt. Vielleicht sind Sie mit Ihrem

Wie kann ich mein Kind unterstützen?

*E*in Patentrezept gibt es leider nicht, doch die Zutaten für die individuelle Mixtur sind: Zeit, Respekt, Aufmerksamkeit und Geduld, Geduld, Geduld.

Darum geht es in *Aschenputtel*

*A*schenputtel ist eines der Märchen, die eine klassische Patchworkfamilie zeigen, in der es so richtig kracht und in der im gemeinsamen Miteinander von Wertschätzung und Respekt nichts zu sehen ist.

Nach dem Tode der ersten Frau heiratet ein Vater erneut, wodurch Aschenputtel eine Stiefmutter bekommt. Diese bringt noch zwei eigene Töchter aus einer früheren Beziehung mit. Leider funktioniert das Zusammenleben der neuen Familie nicht. Von Anfang an akzeptieren weder die Mutter noch die neuen Schwestern das Mädchen und geben ihr damit auch

Kleine Symbolkunde

In Märchen, in denen der Märchenheld ein verwaistes Mädchen ohne Mutter ist, sucht das Mädchen meist Hilfe, Rat und Aufmerksamkeit in der **Natur** (die Prinzessin im „Froschkönig" tut dasselbe, indem sie sich einen Platz im Wald sucht, siehe Seite 166). Die Natur steht symbolisch für das Weibliche. Indem die Mädchen die Natur suchen, suchen sie quasi die weiblich-mütterliche Kraft, die ihnen im Leben fehlt.

keine Chance, ein vollwertiges und gleichberechtigtes Familienmitglied zu sein.

Aschenputtel findet im Vater keinen Rückhalt gegen die Hetzerei der Stiefmutter und Stiefschwestern. Sie hat den Tod der Mutter noch gar nicht verarbeitet und bräuchte liebevolle Aufmerksamkeit und Fürsorge; stattdessen zieht die Stiefmutter ihre eigenen Kinder der Stieftochter vor, unterstützt deren Anfeindungen und Aschenputtel muss allein zurechtkommen. Trost findet das Mädchen am Grab der Mutter, in der Natur und den Tieren. In Gebeten und Zwiesprache mit Mutter und Vögeln ist sie immer wieder in der Lage, ihre eigene innere Natur zu hören und daraus Kraft zu schöpfen.

Dadurch ist es ihr auch möglich, die gemeinen und fast unmöglichen Aufgaben zu erfüllen, die die Stiefmutter dem Mädchen auferlegt. Bevor Aschenputtel zum Ball des Königssohnes gehen darf, muss sie die Linsen aus der Asche lesen. Die Tauben helfen ihr dabei: Nur weil sie durch ihre innere Kraft weiß, wie sie sich helfen kann und auch Hilfe findet, schafft sie es so schließlich doch, heimlich zum Ball zu gehen, wo der Königssohn sich in die unbe-

kannte Schöne verliebt. Nun bekommt das Mädchen die wohlverdiente Aufmerksamkeit, die sie braucht. Auch die letzten Versuche der Stiefschwestern, das Aschenputtel zu hintergehen, indem sie selbst den verlorenen Schuh für sich beanspruchen und sich sogar dafür verstümmeln, scheitern. Aschenputtel wird die Braut des Königssohnes. Die Stiefschwestern jedoch werden schwer für ihre Bosheit und Falschheit bestraft: Tauben picken ihnen die Augen aus.

Übungen & Spiele

Die folgenden Übungen und Spiele sind für mehrere Teilnehmer gedacht, da Sie als Team oder neue Familie zusammen an Ihrem Verbund arbeiten sollten.

Auf einem Bein

Sie malen (z. B. mit Kreide) einen Kreis auf den Boden oder legen ein langes Seil zu einem Kreis. Alle Teilnehmer stellen sich jetzt mit *einem* Fuß in den Kreis hinein und fassen sich an den Händen. Nun halten Sie sich gegenseitig fest, während Sie Ihre Oberkörper nach hinten lehnen. Finden Sie Ihr persönliches Gleichgewicht – hat jeder gleich viel Kraft? Oder braucht einer ein bisschen mehr Halt und Aufmerksamkeit?

Sie erleben Ihre Gruppe als ausgeglichene Einheit, die durch die gruppeneigene Kraft im Gleichgewicht gehalten wird. Dabei bringt jeder seine persönliche Kraft ein, um für alle da zu sein.

Explosiver Parcours

Sie bilden Teams aus je zwei Personen. Jeweils einem der Teammitglieder werden die Augen verbunden. Nun muss dieser durch ein „Minenfeld" laufen. Als Minen dienen Gegenstände, die in einem bestimmten Spielfeldradius verstreut liegen, z. B. Kissen, Töpfe, Bücher … Der andere Teampartner lotst nun seinen „blinden" Freund mittels Kommandos

durch das Minenfeld. Wird eine Mine berührt, ist man aus dem Spiel. Besonders heikel und lustig wird es, wenn Sie mit Wasser gefüllte Pappbecher verwenden.

Hier ist die gute Kommunikation zwischen den Partnern wichtig. Nebenbei trainieren Sie noch Achtsamkeit, Verantwortungsgefühl und Vertrauen.

Menschliches Pendel

Eine Gruppe von mindestens vier Teilnehmern stellt sich in einem Kreis von ca. 150 cm auf. Ein weiterer Mitspieler stellt sich in die Mitte dieses Kreises. Bei gespannter Körperhaltung lässt sich der Mitspieler nun in eine Richtung fallen. Er wird von den Teilnehmern im Kreis aufgefangen und direkt wieder

sanft in eine andere Richtung geschubst. Die gespannte Körperhaltung ist wichtig, um von den anderen gut aufgefangen und wieder weiterbewegt werden zu können.

Es geht um Vertrauen, Verantwortung, Rücksichtnahme, Teamwork in der Gruppe und sanfte Behandlung der Gruppenmitglieder.

Freier Fall

Dies ist eine Variante des menschlichen Pendels für nur zwei Teilnehmer oder mehrere Teams mit je zwei Personen. Dabei stellt sich der eine Teampartner vor den anderen, sodass beide in dieselbe Richtung sehen. Der vordere Mitspieler lässt sich nun nach hinten fallen und wird von seinem Partner

aufgefangen. Auch hier bitte auf die gespannte Körperhaltung achten.

Hier geht es um Vertrauen, Verantwortung und Rücksichtnahme.

Alle auf einen!

Eine Gruppe erhält einen Karton, z. B. einen Umzugskarton, Umverpackungskarton oder Obstkarton. Auf diesem Karton sollen alle Platz finden, ganz egal wie die Gruppe das anstellt. Die Gruppe erhält keine Vorschläge oder Lösungsmöglichkeiten.

Hier ist Teamwork gefragt: Die Gruppe muss gemeinsam eine Lösung für das Problem finden.

Luftballonraupe

Alle Spielteilnehmer stellen sich in einer Reihe wie zu einer Polonaise auf und klemmen je einen Luftballon zwischen Bauch und Rücken zum nächsten Teilnehmer. Nun muss sich die Raupe fortbewegen, ohne die Luftballons zu verlieren.

Die Raupe kann sich mit einem zusätzlichen Ballon auch zu einem Ring schließen und als solcher fortbewegen.

Hier werden das Gruppengefühl und die Bewegungskoordination angesprochen.

Bus nach Neu-Delhi

Haben Sie schon mal einen Bus in Indien gesehen? Der ist manchmal so überfüllt, dass Menschen einander festhalten müssen, damit niemand herunterfällt.

Wie bei der „Reise nach Jerusalem" werden Stühle in einer Reihe Rücken an Rücken an-

einandergestellt. Dabei wird ein Stuhl weniger aufgestellt, als Spielteilnehmer da sind. Die Mitspieler laufen zur Musik im Raum herum und setzen oder stellen sich bei Musikstopp jeder auf einen Stuhl. Dabei ist es egal, wie viele Personen auf einem einzelnen Stuhl Platz finden. Nach jeder Runde wird ein Stuhl weggenommen, die Zahl der Teilnehmer bleibt gleich. Ziel ist, dass alle Gruppenmitglieder immer auf den vorhandenen Stühlen Platz finden, egal wie. Sobald ein Mitglied der Gruppe nicht mehr auf dem Stuhl gehalten werden kann, endet das Spiel.

Hier wird das Gemeinschaftsgefühl angesprochen: Nur gemeinsam kann das Ziel erreicht werden, indem jeder auf den anderen achtet und ihn unterstützt.

Briefkasten

Basteln Sie alle gemeinsam für jedes Familienmitglied einen „Briefkasten": Dazu nehmen Sie einen Schuhkarton, gestalten ihn je nach Geschmack mit Geschenkpapier, Malstiften, Aufklebern usw. und schneiden in den Deckel einen Schlitz. Überbringen Sie sich gegenseitig Botschaften, was Ihnen in dieser Woche besonders gut gefallen hat oder wofür Sie dankbar sind, schreiben Sie einen Brief oder malen Sie ein Bild und stecken das in den Briefkasten des Betreffenden. Auch kleine Überraschungen finden Platz, z. B. Sammelbildchen, Aufkleber oder kleine Präsente wie ein hübscher Bleistift, schönes Briefpapier oder aber natürlich Gummibärchen & Co.

Führen Sie einen regelmäßigen Entleerungstermin ein, z. B. einmal die Woche, wenn alle zusammen zu Abend essen.

Neid

W eiß wie Schnee, rot wie Blut und gelb vor Neid? Dieses Thema begleitet Sie als Eltern sicher schon länger: Neid zeigen Kinder spätestens ab dem dritten Lebensjahr, wenn es um die Verteilung der Gummibärchen unter Geschwistern geht oder darum, wer zuerst den Gutenachtkuss von Mama erhält.

Schneewittchen

Es war einmal mitten im Winter, und die Schneeflocken fielen wie Federn vom Himmel herab. Da saß eine Königin an einem Fenster, das einen Rahmen von schwarzem Ebenholz hatte, und nähte. Und wie sie so nähte und nach dem Schnee aufblickte, stach sie sich mit der Nadel in den Finger, und es fielen drei Tropfen Blut in den Schnee. Und weil das Rote im weißen Schnee so schön aussah, dachte sie bei sich: Hätt ich ein Kind, so weiß wie Schnee, so rot wie Blut und so schwarz wie Ebenholz! Bald darauf bekam sie ein Töchterlein, das war so weiß wie Schnee, so rot wie Blut und so schwarzhaarig wie Ebenholz und ward darum Schneewittchen genannt. Und wie das Kind geboren war, starb die Königin. Ein Jahr später nahm sich der König eine andere Gemahlin. Es war eine schöne Frau, aber sie war stolz und übermütig und konnte nicht leiden, dass sie an Schönheit von jemand sollte übertroffen werden. Sie hatte einen wunderbaren Spiegel. Wenn sie vor den trat und sich darin beschaute, sprach sie:

> „Spieglein, Spieglein an der Wand,
> wer ist die Schönste im ganzen Land?"

So antwortete der Spiegel:

> „Frau Königin, Ihr seid die Schönste im Land."

Da war sie zufrieden, denn sie wusste, dass der Spiegel die Wahrheit sagte.

Schneewittchen aber wuchs heran und wurde immer schöner, und als es sieben Jahre alt war, war es so schön wie der klare Tag und schöner als die Königin selbst. Als diese einmal ihren Spiegel fragte:

> „Spieglein, Spieglein an der Wand,
> wer ist die Schönste im ganzen Land?"

So antwortete er:

> „Frau Königin, Ihr seid die Schönste hier,
> Aber Schneewittchen ist tausendmal schöner als Ihr."

Da erschrak die Königin und ward gelb und grün vor Neid. Von nun an, wenn sie Schneewittchen erblickte, kehrte sich ihr das Herz im Leibe herum – so hasste sie das Mädchen.
Und der Neid und Hochmut wuchsen wie ein Unkraut in ihrem Herzen immer höher, dass sie Tag
und Nacht keine Ruhe mehr hatte. Da rief sie einen Jäger und sprach: „Bring das Kind hinaus in
den Wald, ich will's nicht mehr vor meinen Augen sehen. Du sollst es töten und mir Lunge und
Leber als Beweis mitbringen."

Der Jäger gehorchte und führte es hinaus, und als er
den Hirschfänger gezogen hatte und Schneewittchens unschuldiges Herz durchbohren wollte, fing es an zu
weinen und sprach: „Ach, lieber Jäger, lass mir mein Leben!
Ich will in den wilden Wald laufen und nimmermehr wieder
heimkommen." Und weil es gar so schön war, hatte der
Jäger Mitleid und sprach: „So lauf hin, du armes Kind!"
Die wilden Tiere werden dich bald gefressen haben, dachte
er, und doch war's ihm, als wäre ein Stein von seinem
Herzen gewälzt, weil er es nicht zu töten brauchte. Und als
gerade ein junger Frischling dahergesprungen kam, stach
er ihn ab, nahm Lunge und Leber heraus und brachte sie als
Beweis der Königin mit. Der Koch musste sie in Salz kochen,
und das boshafte Weib aß sie auf und meinte, sie hätte
Schneewittchens Lunge und Leber gegessen.

Nun war das arme Kind in dem großen Wald mutterseelenallein, und ihm ward so angst,
dass es alle Blätter an den Bäumen ansah und nicht wusste, wie es sich helfen sollte. Da
fing es an zu laufen und lief über die spitzen Steine und durch die Dornen, und die wilden Tiere
sprangen an ihm vorbei, aber sie taten ihm nichts. Es lief, so lange nur die Füße noch konnten,
bis es bald Abend werden wollte. Da sah es ein kleines Häuschen und ging hinein, sich auszu-
ruhen. In dem Häuschen war alles klein, aber so zierlich und reinlich, dass es nicht zu sagen ist.
Da stand ein weiß gedecktes Tischlein mit sieben kleinen Tellern, jedes Tellerlein mit seinem
Löffelein, ferner sieben Messerlein und Gäbelein und sieben Becherlein. An der Wand waren
sieben Bettlein nebeneinander aufgestellt und schneeweiße Laken darübergedeckt. Schneewittchen, weil es so hungrig und durstig war, aß von jedem Tellerlein ein wenig Gemüs und Brot
und trank aus jedem Becherlein einen Tropfen Wein; denn es wollte nicht einem alles wegnehmen. Danach, weil es so müde war, legte es sich in ein Bettchen, aber keins passte; das eine war
zu lang, das andere zu kurz, bis endlich das siebente recht war; und darin blieb es liegen und
schlief ein.

Als es ganz dunkel geworden war, kamen die Herren von dem Häuslein, das waren die sieben Zwerge, die in den Bergen nach Erz hackten und gruben. Sie zündeten ihre sieben Lichtlein an, und wie es nun hell im Häuslein war, sahen sie, dass jemand darin gesessen war, denn es stand nicht alles so in der Ordnung, wie sie es verlassen hatten. Der erste sprach: „Wer hat auf meinem Stühlchen gesessen?" Der zweite: „Wer hat von meinem Tellerchen gegessen?" Der dritte: „Wer hat von meinem Brötchen genommen?" Der vierte: „Wer hat von meinem Gemüschen gegessen?" Der fünfte: „Wer hat mit meinem Gäbelchen gestochen?" Der sechste: „Wer hat mit meinem Messerchen geschnitten?" Der siebente: „Wer hat aus meinem Becherlein getrunken?" Dann sah sich der erste um und sah, dass auf seinem Bett eine kleine Delle war, da sprach er: „Wer hat in mein Bettchen getreten?" Die anderen kamen gelaufen und riefen: „In meinem hat auch jemand gelegen!" Der siebente aber, als er in sein Bett sah, erblickte Schneewittchen, das lag darin und schlief. Nun rief er die andern, die kamen herbeigelaufen und schrien vor Verwunderung, holten ihre sieben Lichtlein und beleuchteten Schneewittchen.

„Ei, du mein Gott! Ei, du mein Gott!", riefen sie. „Was ist das Kind so schön!" Und hatten so große Freude, dass sie es nicht aufweckten, sondern im Bettlein fortschlafen ließen. Der siebente Zwerg aber schlief bei seinen Gesellen, bei jedem eine Stunde, da war die Nacht herum.

Als es Morgen war, erwachte Schneewittchen, und wie es die sieben Zwerge sah, erschrak es. Sie waren aber freundlich und fragten: „Wie heißt du?"
„Ich heiße Schneewittchen", antwortete es.
„Wie bist du in unser Haus gekommen?", fragten die Zwerge.
Da erzählte es ihnen, dass seine Stiefmutter es hätte wollen umbringen lassen, der Jäger hätte ihm aber das Leben geschenkt, und da wär es gelaufen den ganzen Tag, bis es endlich ihr Häuslein gefunden hätte. Die Zwerge sprachen: „Willst du unsern Haushalt versehen, kochen, Betten machen, waschen, nähen und stricken, und willst du alles ordentlich und reinlich halten, so kannst du bei uns bleiben, und es soll dir an nichts fehlen."
„Ja", sagte Schneewittchen, „von Herzen gern!" und blieb bei ihnen.

Es hielt ihnen das Haus in Ordnung. Morgens gingen sie in die Berge und suchten Erz und Gold, abends kamen sie wieder, und da musste ihr Essen bereit sein. Den ganzen Tag über war das Mädchen allein; da warnten es die guten Zwerglein und sprachen: „Hüte dich vor deiner Stiefmutter, die wird bald wissen, dass du hier bist; lass ja niemand herein!"

Die Königin aber, nachdem sie Schneewittchens Lunge und Leber glaubte gegessen zu haben, dachte nicht anders, als sie wäre wieder die Erste und Allerschönste, trat vor ihren Spiegel und sprach:

„Spieglein, Spieglein an der Wand,
wer ist die Schönste im ganzen Land?"

Da antwortete der Spiegel:

„Frau Königin, Ihr seid die Schönste hier,
aber Schneewittchen über den Bergen
bei den sieben Zwergen
ist noch tausendmal schöner als Ihr."

Da erschrak sie, denn sie wusste, dass der Spiegel keine Unwahrheit sprach, und merkte, dass der Jäger sie betrogen hatte und Schneewittchen noch am Leben war. Und da dachte sie aufs Neue nach, wie sie es umbringen wollte; denn solange sie nicht die Schönste war im ganzen Land, ließ ihr der Neid keine Ruhe.

Und als sie sich endlich etwas ausgedacht hatte, färbte sie sich das Gesicht und kleidete sich wie eine alte Krämerin und war ganz unkenntlich. In dieser Gestalt ging sie über die sieben Berge zu den sieben Zwergen, klopfte an die Türe und rief: „Schöne Ware! Gute Ware!"

Schneewittchen guckte zum Fenster hinaus und rief: „Guten Tag, liebe Frau! Was habt Ihr zu verkaufen?"

„Gute Ware", antwortete sie. „Schnürriemen von allen Farben."

Sie holte einen hervor, der aus bunter Seide geflochten war. Die ehrliche Frau kann ich hereinlassen, dachte Schneewittchen, riegelte die Türe auf und kaufte sich den hübschen Schnürriemen.

„Kind", sprach die Alte, „wie du aussiehst! Komm, ich will dich einmal ordentlich schnüren."

Schneewittchen hatte keine Angst, stellte sich vor sie und ließ sich mit dem neuen Schnürriemen schnüren. Aber die Alte schnürte geschwind und schnürte so fest, dass er dem Schneewittchen den Atem nahm und es wie tot hinfiel.

„Nun bist du die Schönste gewesen", sprach sie und eilte hinaus.

Nicht lange darauf, zur Abendzeit, kamen die sieben Zwerge nach Haus; aber wie erschraken sie, als sie ihr liebes Schneewittchen auf der Erde liegen sahen, und es regte und bewegte sich nicht, als wäre es tot. Sie hoben es in die Höhe, und weil sie sahen, dass es zu fest geschnürt war, schnitten sie den Schnürriemen entzwei; da fing es an, ein wenig zu atmen, und war nach und nach wieder lebendig.

Als die Zwerge hörten, was geschehen war, sprachen sie: „Die alte Krämerfrau war niemand anderes als die gottlose Königin. Hüte dich und lass keinen Menschen herein, wenn wir nicht bei dir sind!"

Das böse Weib aber, als es nach Haus gekommen war,
ging vor den Spiegel und fragte:

> „Spieglein, Spieglein an der Wand,
> wer ist die Schönste im ganzen Land?"

Da antwortete er wie sonst:

> „Frau Königin, Ihr seid die Schönste hier,
> aber Schneewittchen über den Bergen
> bei den sieben Zwergen
> ist noch tausendmal schöner als Ihr."

Als sie das hörte, lief ihr alles Blut zum Herzen, so erschrak sie, denn sie sah wohl, dass Schneewittchen wieder lebendig geworden war. „Nun aber", sprach sie, „will ich etwas ausdenken, das dich zugrunde richten soll!"

Und mit Hexenkünsten, die sie verstand, machte sie einen giftigen Kamm. Dann verkleidete sie sich und nahm die Gestalt eines anderen alten Weibes an. So ging sie hin über die sieben Berge zu den sieben Zwergen, klopfte an die Türe und rief: „Gute Ware!"

Schneewittchen schaute heraus und sprach: „Geht nur weiter, ich darf niemand hereinlassen!"

„Das Ansehen wird dir doch erlaubt sein", sprach die Alte, zog den giftigen Kamm heraus und hielt ihn in die Höhe. Da gefiel er dem Kinde so gut, dass es sich blenden ließ und die Türe öffnete. Als sie des Kaufs einig waren, sprach die Alte: „Nun will ich dich einmal ordentlich kämmen."

Das arme Schneewittchen dachte an nichts, ließ die Alte gewähren, aber kaum hatte sie den Kamm in die Haare gesteckt, als das Gift darin wirkte und das Mädchen ohne Besinnung niederfiel.

„Du Ausbund von Schönheit", sprach das boshafte Weib, „jetzt ist's um dich geschehen!" und ging fort.

Zum Glück aber war es bald Abend, wo die sieben Zwerglein nach Haus kamen. Als sie Schneewittchen wie tot auf der Erde liegen sahen, hatten sie gleich die Stiefmutter in Verdacht, suchten nach und fanden den giftigen Kamm. Und kaum hatten sie ihn herausgezogen, so kam Schneewittchen wieder zu sich und erzählte, was vorgegangen war. Da warnten sie es noch einmal, auf seiner Hut zu sein und niemand die Türe zu öffnen. Die Königin stellte sich daheim vor den Spiegel und sprach:

> „Spieglein, Spieglein an der Wand,
> wer ist die Schönste im ganzen Land?"

Da antwortete er wie vorher:

> „Frau Königin, Ihr seid die Schönste hier,
> aber Schneewittchen über den Bergen
> bei den sieben Zwergen
> ist noch tausendmal schöner als Ihr."

*A*ls sie den Spiegel so reden hörte, zitterte und bebte sie vor Zorn. „Schneewittchen soll sterben", rief sie. „Und wenn es mein eigenes Leben kostet!" Darauf ging sie in eine ganz verborgene, einsame Kammer, wo niemand hinkam, und machte da einen giftigen, giftigen Apfel. Äußerlich sah er schön aus, weiß mit roten Backen, dass jeder, der ihn erblickte, Lust danach bekam, aber wer ein Stückchen davon aß, der musste sterben. Als der Apfel fertig war, färbte sie sich das Gesicht und verkleidete sich in eine Bauersfrau und so ging sie über die sieben Berge zu den sieben Zwergen. Sie klopfte an. Schneewittchen streckte den Kopf zum Fenster heraus und sprach: „Ich darf keinen Menschen einlassen, die sieben Zwerge haben mir's verboten!"

„Mir auch recht", antwortete die Bäuerin. „Meine Äpfel will ich schon loswerden. Da, einen will ich dir schenken."

„Nein", sprach Schneewittchen. „Ich darf nichts annehmen!"

„Fürchtest du dich vor Gift?", sprach die Alte. „Siehst du, da schneide ich den Apfel in zwei Teile; die rote Hälfte sollt du bekommen, die weiße will ich essen".

Der Apfel war aber so künstlich gemacht, dass allein die rote Hälfte vergiftet war. Schneewittchen hatte Lust auf den schönen Apfel, und als es sah, dass die Bäuerin davon aß, so konnte es nicht länger widerstehen, streckte die Hand hinaus und nahm die giftige Hälfte.

Kaum aber hatte es einen Bissen davon im Mund, so fiel es tot zur Erde nieder. Da betrachtete es die Königin mit grausigen Blicken und lachte überlaut und sprach: „Weiß wie Schnee, rot wie Blut, schwarz wie Ebenholz! Diesmal können dich die Zwerge nicht wieder erwecken."

Und als sie daheim den Spiegel befragte:

> „Spieglein, Spieglein an der Wand,
> wer ist die Schönste im ganzen Land?"

So antwortete er endlich:

> „Frau Königin, Ihr seid die Schönste im Land."

Da hatte ihr neidisches Herz Ruhe, so gut ein neidisches Herz Ruhe haben kann.

*D*ie Zwerglein, wie sie abends nach Haus kamen, fanden Schneewittchen auf der Erde liegen, und es ging kein Atem mehr aus seinem Mund und es war tot. Sie hoben es auf, suchten, ob sie was Giftiges fänden, schnürten es auf, kämmten ihm die Haare, wuschen es mit Wasser und Wein, aber es half alles nichts; das liebe Kind war tot und blieb tot.

Sie legten es auf eine Bahre und setzten sich alle sieben
daran und beweinten es und weinten drei Tage lang.
Da wollten sie es begraben, aber es sah noch so frisch aus
wie ein lebender Mensch und hatte noch seine schönen
roten Backen. Sie sprachen „Das können wir nicht in die
schwarze Erde versenken" und ließen einen durchsichtigen
Sarg von Glas machen, dass man es von allen Seiten sehen
konnte, legten es hinein und schrieben mit goldenen Buchstaben seinen Namen darauf und dass es eine Königstochter
wäre. Dann setzten sie den Sarg hinaus auf den Berg, und
einer von ihnen blieb immer dabei und bewachte ihn. Und
die Tiere kamen auch und beweinten Schneewittchen, erst
eine Eule, dann ein Rabe, zuletzt ein Täubchen. Nun lag
Schneewittchen lange, lange Zeit in dem Sarg und verweste
nicht, sondern sah aus, als wenn es schliefe, denn es war
noch so weiß wie Schnee, so rot wie Blut und so schwarzhaarig wie Ebenholz. Es geschah aber, dass ein Königssohn
in den Wald geriet und zu dem Zwergenhaus kam, da zu

übernachten. Er sah auf dem Berg den Sarg und das schöne Schneewittchen darin und las, was
mit goldenen Buchstaben darauf geschrieben war. Da sprach er zu den Zwergen: „Lasst mir den
Sarg, ich will euch geben, was ihr dafür haben wollt."
Aber die Zwerge antworteten: „Wir geben ihn nicht für alles Gold in der Welt." Da sprach er: „So
schenkt mir ihn, denn ich kann nicht leben, ohne Schneewittchen zu sehen, ich will es ehren und
hoch achten wie mein Liebstes."

Wie er so sprach, empfanden die guten Zwerglein Mitleid mit ihm und gaben ihm
den Sarg. Der Königssohn ließ ihn nun von seinen Dienern auf den Schultern fort-
tragen. Da geschah es, dass sie über einen Strauch stolperten und von der Erschütterung fuhr
das giftige Apfelstück, das Schneewittchen abgebissen hatte, aus dem Hals. Und nicht lange,
so öffnete es die Augen, hob den Deckel vom Sarg in die Höhe und richtete sich auf und war
wieder lebendig.
„Ach Gott, wo bin ich?", rief es.
Der Königssohn sagte voll Freude: „Du bist bei mir."
Er erzählte, was sich zugetragen hatte, und sprach: „Ich habe dich lieber als alles auf der Welt;
komm mit mir in meines Vaters Schloss, du sollst meine Gemahlin werden."
Da war ihm Schneewittchen gut und ging mit ihm, und ihre Hochzeit wurde mit großer Pracht
und Herrlichkeit gefeiert. Zu dem Feste wurde aber auch Schneewittchens gottlose Stiefmutter
eingeladen.

Wie sie sich nun mit schönen Kleidern angetan hatte, trat sie vor den Spiegel und sprach:

> „Spieglein, Spieglein an der Wand,
> wer ist die Schönste im ganzen Land?"

Der Spiegel antwortete:

> „Frau Königin, Ihr seid die Schönste hier,
> aber die junge Königin ist noch tausendmal schöner als ihr."

Da stieß das böse Weib einen Fluch aus, und ihr ward so angst, so angst, dass sie nicht wusste, was sie tun sollte. Sie wollte zuerst gar nicht auf die Hochzeit kommen, doch ließ es ihr keine Ruhe, sie musste fort und die junge Königin sehen. Und wie sie hineintrat, erkannte sie Schneewittchen, und vor Angst und Schrecken stand sie da und konnte sich nicht regen. Aber es waren schon eiserne Schuhe über Feuer gestellt und wurden mit Zangen hereingetragen und vor sie hingestellt. Da musste sie in die rot glühenden Schuhe treten und so lange tanzen, bis sie tot zur Erde fiel.

Was ist Neid eigentlich und woher kommt er?

Neid entsteht in der Phase der Entwicklung zwischen dem zweiten und dritten Lebensjahr. In dieser Zeit beginnen Kinder, immer klarer zwischen sich und der Umwelt zu unterscheiden. Neid wird dann deutlich, wenn man seine „Haben"-Seite mit der eines anderen vergleicht und dadurch ein Unzufriedenheitsgefühl bekommt. Dabei spielt es keine Rolle, ob man grundsätzlich sogar besser gestellt ist oder Vergleichbares vorzuweisen hat: Entscheidend ist die subjektive Bewertung der Situation. Neid ist ein Ich-Thema.

Es können zwei Arten von Neid unterschieden werden: der materielle Neid und der Neid, der sich um die emotionalen und sozialen

Themen dreht, wie Liebe, Anerkennung, Aussehen, Erfolg … Während der materielle Neid für Eltern meist recht schnell zu erkennen ist, bleibt die andere Variante oft länger unerkannt, weil das Kind diese nicht deutlich genug ausspricht, häufig selbst kaum wahrnimmt. Zunächst ist in ihm da eher das Gefühl, dem anderen unterlegen zu sein.

Die positive Seite des Neids ist, dass er Ansporn sein kann, seine eigenen Wünsche zu definieren und in die Tat umzusetzen.

Die negative ist, dass Neid einen sprichwörtlich „von innen zerfrisst" und auf Dauer zu Konzentrationsstörungen und einem minderen Selbstwertgefühl führen kann.

Doch immer wieder mal flackert dieses Gefühl auf, in Erwachsenen genauso wie in Kindern.

Was kann ich dagegen tun?

Tatsächlich einiges, das nicht nur Ihr Kind, sondern sogar Sie selbst stärken kann. Zuallererst sollten Sie das Thema offen kommunizieren. Ausgesprochenem Neid wird viel Macht entzogen.

Neid entsteht durch den Blick nach außen. „Was hast du, das ich nicht habe?" Die Lösung liegt also darin, den Fokus nach innen zu richten und sich zu fragen: „Was habe ich, wofür ich dankbar und zufrieden bin? Brauche ich etwas anderes, um glücklich zu sein?"

Erst wenn letztere Frage mit Ja beantwortet wird, kann ein Blick ins Außen hilfreich sein. Schauen Sie gemeinsam, wie andere ihr Lebensglück gestalten und was Sie davon auch in Ihr Leben integrieren können und möchten. Dabei geht es nicht unbedingt immer um Materielles, sondern auch um Fertigkeiten, Werte, Lebensgestaltung etc. Helfen Sie Ihrem Kind dabei herauszufinden, um welche Art Neid es sich handelt, was bereits gut in seinem Leben ist und was es sich wünschen würde. Und schließlich, wie die Umsetzung gelingen könnte.

Entscheidend für die Fähigkeit, so bei sich zu bleiben, ist, was in der Familie vorgelebt wird und wie gut das Selbstwertgefühl Ihres Kindes ausgeprägt ist.

Wie gehen Sie in Ihrer Familie denn mit materiellen Werten um? Sind sie sehr wichtig für

Sie oder gibt es auch viele nicht materiell gebundene Dinge, die Ihnen Freude machen? Falls ja, lenken Sie den Blick Ihres Kindes dorthin. Falls nein, suchen Sie gemeinsam mit Ihrem Kind nach neuen Werten außerhalb des Materiellen. Gerade in der heutigen Zeit, in der Besitz so viel zählt und gleichzeitig immer wieder durch wirtschaftliche Missstände bedroht wird, kann dies viel Kraft geben.

Fühlt Ihr Kind sich emotional oder sozial zurückgesetzt, reflektieren Sie die Situation und Ihr Verhalten. Tun Sie das Gefühl Ihres Kindes nicht mit „Stimmt ja gar nicht" ab. Hier helfen nur offene Gespräche darüber, was Ihr Kind sich wünscht, wo es das Gefühl hat, seine Bedürfnisse nicht erfüllt zu bekommen und wie Sie etwas an der Situation ändern können.

Dies gilt gleichermaßen für Einzelkinder wie auch für Geschwister, die oft mit dem Thema Geschwisterrivalität zu kämpfen haben.

Die Stärkung des Selbstwertes ist enorm wichtig. Wer in sich sicher ist, kann auch besser mit dem Gefühl des Neids umgehen. Und vielleicht dieses Gefühl sogar ins Positive wandeln, indem Wünsche erkannt und umgesetzt werden.

Besonders gut gelingt dies, wenn Sie als Familie wissen, wo die Stärken jedes einzelnen Familienmitglieds liegen und wie es sie am besten in die Gemeinschaft einbringen kann. Aus diesem kleinen Modell heraus gelingt später oft die Umsetzung ins größere Modell der Gesellschaft.

Zufriedenheit erlangt derjenige, der weiß und spürt, was er gut kann, was ihm noch fehlt und dann die Motivation zur Veränderung in sich selbst findet. Er muss sich nicht weiter mit anderen messen.

Hilfe, mein Kind leidet unter dem Neid anderer

Neider lassen sich manchmal üble Dinge einfallen, um mit ihren eigenen Minderwertigkeitsgefühlen umzugehen. Häufig werden die Objekte ihres Neides angefeindet und gemobbt. Es wird ihnen übel nachgeredet oder es werden gar Lügen über sie verbreitet.

Wenn Ihr Kind spürt, dass es beneidet wird und darunter zu leiden hat, sollte es bei Ihnen unbedingt offene Ohren finden. Helfen Sie ihm, seinen Verdacht und seine Gefühle mitzuteilen, damit Sie gemeinsam Lösungen finden und Strategien entwickeln können, mit dem Neid anderer umzugehen.

Lesen Sie bei Bedarf auch hierzu mehr im Kapitel *Mobbing* auf Seite 116 ff.

Darum geht es in *Schneewittchen*

Das Märchen erzählt von den Themen Neid und Eifersucht. Die schöne Königin will die Schönste im ganzen Land sein. Sie erträgt es nicht, dass ihre Stieftochter Schneewittchen schon als Kind noch schöner ist als sie.

Ihr Zauberspiegel gibt ihr die Möglichkeit, sich im Vergleich mit anderen zu sehen und sich die Bestätigung zu holen, dass niemand sie übertrumpft. Der Spiegel sagt ihr immer die Wahrheit. In ihm kann sie sich erkennen, als würde sie gleichermaßen von außen und innen auf sich selbst schauen.

Eines Tages jedoch sagt ihr der Spiegel, dass sie zwar die Schönste im Raum sei, Schneewittchen sie jedoch an Schönheit übertreffe. In den Augen der Königin mindert das ihre eigene Schönheit, ihren Status, und so kann sie an nichts anderes mehr denken. Neid und Eifersucht zerfressen sie schier von innen. Diese Gefühle sind so stark, dass die Königin Schnee-

wittchen nur noch hassen kann. Um wieder den früheren Titel als Schönste im ganzen Land zu erhalten, ist der Königin jedes Mittel recht und sie ordnet an, dass Schneewittchen durch den Jäger getötet werden soll. Doch dieser Versuch misslingt, da der Jäger Mitleid mit dem schönen Mädchen hat und sie laufen lässt.

Kleine Symbolkunde

Der **gläserne Sarg** ist sicherlich ungewöhnlich, wird ein Sarg doch direkt mit dem Tod (und dem Neuanfang) in Verbindung gebracht. Doch das Glas deutet schon an, dass hier etwas nicht endgültig ist, sondern noch ein Bezug zum Leben besteht, wenn die Person im Sarg daran auch durch die fast unsichtbare Trennwand nicht teilhaben kann. Schneewittchen „braucht" den gläsernen Sarg zudem, um vom Prinzen entdeckt zu werden.

113

Kleine Symbolkunde

Klarheit und unbestechliche, meist unverfälschte Wahrheit sind die Hauptbedeutungen des **Spiegels**. Er gibt jedoch auch die Möglichkeit, sich selbst zu reflektieren: „Wie geht es mir heute? Wie sehe ich im Inneren aus?" Oft ist unser Äußeres das Spiegelbild dessen, was in unserem Inneren vorgeht.

Pssst – wieder ist es die Emotion, die den Lauf der Geschichte beeinflusst und dem Märchenhelden hilft: Schneewittchen erweicht durch ihr Weinen das Herz des Jägers und erhält ihr Leben geschenkt.

So kommt Schneewittchen durch einen dunklen Wald und über Berge zu den sieben Zwergen. Beschwerlich und auch gefährlich ist der Weg dorthin, doch dem Mädchen geschieht nichts trotz der wilden Tiere. Als die Königin feststellen muss, dass sie betrogen wurde, macht sie sich selbst auf, um Schneewittchen zu töten. Die Zwerge warnen das Mädchen zwar vor der Königin und helfen ihr auch zweimal, den Intrigen zu entgehen, aber beim dritten Mal halten auch die Zwerge Schneewittchen für tot und legen sie in einen gläsernen Sarg.

Schneewittchen wird von einem Königssohn gefunden, der sich in das leblose Mädchen verliebt und es in seinem Sarg mitnimmt.

Als die Sargträger stolpern, fällt das giftige Apfelstück aus ihrem Mund und sie erwacht wieder zum Leben. Schneewittchen und der Königssohn heiraten und laden zur Hochzeit auch die Königin ein. Als diese in der Braut das schöne Schneewittchen erkennt, wird sie starr vor Schreck. Sie erkennt, dass nichts geholfen hat und sie weiterhin nicht die Schönste im Land sein kann. Doch zur Strafe für ihr böses Verhalten muss die Königin sich in glühenden Eisenpantoffeln zu Tode tanzen.

Neid und Eifersucht sind mächtige, aber auch sehr destruktive Gefühle, die die Königin im Märchen ruhelos und böse werden lassen. Sie ist nicht mehr in der Lage, sich an dem zu freuen, was sie selbst hat, sondern sieht nur das, was ihr – ihrer Meinung nach – fehlt. Doch gerade bei immateriellen Dingen wie Schönheit macht es wenig Sinn, unerreichbaren Zielen nachzujagen. Dabei steht die Schönheit hier ebenso gut auch für andere Attribute oder Fähigkeiten einer Person.

Um sich vor den Angriffen der Königin so gut wie möglich zu schützen, hat Schneewittchen viele Helfer: den Jäger, die sieben Zwerge, den Königssohn. Auch in unserer Welt braucht es oft Schutz gegen den Neid und die Eifersucht anderer, manchmal auch mit Hilfe von außen.

Fragen an Kinder zum Märchen:

* Warum ärgert es die Königin so sehr, dass es eine Schönere gibt?
* Was bedeutet Schönheit für dich?
* Warum helfen Schneewittchen der Jäger und die Zwerge?
* Woher weiß der Spiegel die Antworten?

Übungen & Spiele

Die große Herausforderung ist der Blick zum eigenen Selbst. Neid entsteht durch den Vergleich mit anderen. Deshalb ist es wichtig, dass Sie Möglichkeiten finden, Ihrem Kind anschaulich zu machen, wo seine eigenen Stärken liegen und sein Potenzial steckt. Ein Vergleich sollte nur dazu dienen, sich der eigenen Stärken bewusst zu werden, neue Ziele zu entdecken und Ideen zu erlangen, wie diese erreicht werden können. So kommt kein Neid auf, sondern vielleicht Bewunderung, Respekt und die Motivation, sich selbst weiterzuentwickeln.

In den Kreis

Legen Sie ein paar Blätter und Stifte bereit. Malen Sie auf zwei Blätter je einen großen Kreis, in den Sie dann vier bis fünf kleinere Kreise malen.

Lassen Sie Ihr Kind nun auf das eine Blatt in die kleinen Kreise all das hineinschreiben, was es bei anderen an Stärken wahrnimmt, beneidet oder sich selbst wünscht.
Auf das andere Blatt schreibt es in die kleinen Kreise all das, was es an sich mag, von dem es froh ist, es zu haben, oder was es gut kann. Im Anschluss besprechen Sie die einzelnen Punkte der Bilder und lassen es ausformulieren, was es genau bewundert oder beneidet. Danach verfahren Sie genauso mit dem Blatt der eigenen Stärken und Pluspunkte. Lassen Sie Ihr Kind das eigene Blatt noch ein wenig mit Farben, Stickern o. Ä. gestalten, wenn es das mag. Sie

können einzelne Punkte deutlicher hervorheben oder mit kleinen Haftzetteln mögliche neue Ziele auf dem Papier anbringen. In der folgenden Zeit finden Sie dann heraus, welche Ziele erreicht werden können oder vielleicht sogar mittlerweile erreicht wurden. Alles, was an neuen Pluspunkten entdeckt wird oder dazukommt, tragen Sie gemeinsam auf das Blatt ein, sodass es zu einem bunten und persönlichen Poster voller Schätze und Fähigkeiten wird, das Ihrem Kind immer zeigt, was es bereits hat und kann.

Die Liste

Lassen Sie im Freundes- oder Familienkreis eine Liste herumgehen, auf die jeder einen Punkt schreibt, den er an Ihrem Kind bewundert, schätzt oder einfach mag. Diese Liste kann ein wertvoller Helfer dabei sein, das Selbstbild und Fremdbild gegenüberzustellen. Häufig nimmt man an sich selbst nicht so viele positive Punkte, Fähigkeiten, Stärken oder Potenzial wahr, wie andere dies tun. Für manche Menschen wird diese Liste ein geschätzter Begleiter im Leben.

Mobbing

„… und raus bist du!" Mobbing ist heute ein großes Thema unserer Gesellschaft. Von Mobbing sprechen wir, wenn ein Kind über einen längeren Zeitraum hinweg von anderen gehänselt, verspottet, beschimpft oder ausgegrenzt wird. Die anderen Kinder verhalten sich aus Neid, Missgunst, eigenen Minderwertigkeitsgefühlen oder anderen Gründen aggressiv.

König Drosselbart

Ein König hatte eine Tochter, die war über alle Maßen schön, aber dabei so stolz und übermütig, dass ihr kein Mann gut genug war. Sie wies einen nach dem anderen ab und trieb noch dazu Spott mit ihnen. Einmal ließ der König ein großes Fest halten und lud dazu aus der Nähe und Ferne die heiratslustigen Männer ein. Sie wurden alle in eine Reihe nach Rang und Stand geordnet: Erst kamen die Könige, dann die Herzöge, die Fürsten, Grafen und Freiherren, zuletzt die Edelleute. Nun wurde die Königstochter durch die Reihen geführt, aber an jedem hatte sie etwas auszusetzen. Der eine war ihr zu dick: „Das Weinfass!", sprach sie. Der andere zu lang: „Dürr und lang hat keinen Gang!" Der dritte zu kurz: „Kurz und dick hat kein Geschick!" Der vierte zu blass: „Der bleiche Tod!" Der fünfte zu rot: „Der Zinshahn!" Der sechste war nicht gerade genug: „Grünes Holz, hinterm Ofen getrocknet!" Und so hatte sie an einem jeden etwas auszusetzen, besonders aber machte sie sich über einen guten König lustig, der ganz oben stand und dem das Kinn ein wenig krumm gewachsen war. „Ei", rief sie und lachte. „Der hat ein Kinn wie die Drossel einen Schnabel!" Und seit der Zeit bekam er den Namen Drosselbart. Der alte König aber, als er sah, dass seine Tochter nichts tat, als über die Leute zu spotten, und alle Freier, die da versammelt waren, verschmähte, ward er zornig und schwor, sie sollte den ersten besten Bettler zum Manne nehmen, der vor seine Türe käme.

Ein paar Tage darauf hob ein Spielmann an, unter dem Fenster zu singen, um damit ein geringes Almosen zu verdienen. Als es der König hörte, sprach er: „Lasst ihn heraufkommen!" Da trat der Spielmann in seinen schmutzigen, zerlumpten Kleidern herein, sang vor dem König und seiner Tochter und bat, als er fertig war, um eine milde Gabe. Der König sprach: „Dein Gesang hat mir so wohl gefallen, dass ich dir meine Tochter da zur Frau geben will." Die Königstochter erschrak, aber der König sagte: „Ich habe den Eid getan, dich dem ersten besten Bettelmann zu geben; den will ich auch halten." Es half keine Widerrede, der Pfarrer wurde geholt, und sie musste sich gleich mit dem Spielmann trauen lassen. Als das geschehen war, sprach der König: „Nun schickt sich's nicht, dass du als ein Bettelweib noch länger in meinem Schloss bleibst, du kannst nun mit deinem Manne fortziehen."

Der Bettelmann führte sie an der Hand hinaus, und sie musste mit ihm zu Fuß fortgehen. Als sie in einen großen Wald kamen, da fragte sie:
„Ach, wem gehört der schöne Wald?"

„Der gehört dem König Drosselbart;
hättest du ihn genommen, so wär er dein."

„Ich arme Jungfer zart,
ach, hätt ich genommen den König Drosselbart!"

Darauf kamen sie über eine Wiese, da fragte sie wieder:
„Wem gehört die schöne, grüne Wiese?"

„Sie gehört dem König Drosselbart;
hättest du ihn genommen, so wär sie dein."

„Ich arme Jungfer zart,
ach, hätt ich genommen den König Drosselbart!"

Dann kamen sie durch eine große Stadt, da fragte
sie wieder:
„Wem gehört diese schöne, große Stadt?"

„Sie gehört dem König Drosselbart;
hättest du ihn genommen, so wär sie dein." -

„Ich arme Jungfer zart,
ach, hätt ich genommen den König Drosselbart!"

Es gefällt mir gar nicht", sprach der Spielmann, „dass du dir immer einen anderen zum Mann wünschst; bin ich dir nicht gut genug?" Endlich kamen sie an ein kleines Häuschen, da sprach sie:
„Ach Gott, was ist das Haus so klein! Wem mag das elende, winzige Häuschen sein?"
Der Spielmann antwortete: „Das ist mein und dein Haus, wo wir zusammen wohnen."

Sie musste sich bücken, damit sie zu der niedrigen Tür hineinkam.

„Wo sind die Diener?", sprach die Königstochter.

„Was, Diener!", antwortete der Bettelmann. „Du musst selbst tun, was du getan haben willst. Mach nur gleich Feuer an und stell Wasser auf, dass du mir mein Essen kochst; ich bin ganz müde."

Die Königstochter verstand aber nichts vom Feuermachen und Kochen, und der Bettelmann musste selbst mit Hand anlegen, dass es noch so leidlich ging. Als sie die schmale Kost verzehrt hatten, legten sie sich zu Bett; aber am Morgen trieb er sie schon ganz früh heraus, weil sie sich um den Haushalt kümmern sollte. Ein paar Tage lebten sie auf diese Art schlecht und recht und zehrten ihren Vorrat auf. Da sprach der Mann: „Frau, so geht's nicht länger, dass wir hier zehren und nichts verdienen. Du sollst Körbe flechten."

Er ging aus, schnitt Weiden und brachte sie heim. Da fing sie an zu flechten, aber die harten Weiden stachen ihr die zarten Hände wund.

„Ich sehe, das geht nicht", sprach der Mann. „Spinn lieber, vielleicht kannst du das besser."

Sie setzte sich hin und versuchte zu spinnen, aber der harte Faden schnitt ihr bald in die weichen Finger, dass das Blut daran herunterlief.

„Siehst du", sprach der Mann, „du taugst zu keiner Arbeit, mit dir bin ich schlimm dran. Nun will ich's versuchen und einen Handel mit Töpfen und irdenem Geschirr anfangen; du sollst dich auf den Markt setzen und die Ware anbieten."

Ach, dachte sie, wenn auf den Markt Leute aus meines Vaters Reich kommen und sehen mich da sitzen, wie werden sie mich verspotten!

Aber es half nichts, sie musste sich fügen, wenn sie nicht vor Hunger sterben wollten. Das erste Mal ging's gut; denn die Leute kauften der Frau, weil sie schön war, gern ihre Ware ab und bezahlten, was sie forderte; ja, viele gaben ihr das Geld und ließen ihr die Töpfe noch dazu.

Nun lebten sie von den Einnahmen, solang es dauerte, da handelte der Mann wieder eine Menge neues Geschirr ein. Sie setzte sich damit an eine Ecke des Marktes, stellte es um sich her und bot es an.

Da kam plötzlich ein betrunkener Soldat dahergejagt und ritt geradezu in die Töpfe hinein, dass alles in tausend Scherben zersprang. Sie fing an zu weinen und wusste vor Angst nicht, was sie anfangen sollte.

„Ach, wie wird mir's ergehen!", rief sie. „Was wird mein Mann dazu sagen?"

Sie lief heim und erzählte ihm das Unglück.

„Wer setzt sich auch an die Ecke des Marktes mit feinem Geschirr!", sprach der Mann.

„Lass nur das Weinen, ich sehe wohl, du bist zu keiner ordentlichen Arbeit zu gebrauchen. Da bin ich in unseres Königs Schloss gewesen und habe gefragt, ob sie nicht eine Küchenmagd brauchen könnten, und sie haben mir versprochen, sie wollten dich nehmen; dafür bekommst du freies Essen."

Nun wurde die Königstochter eine Küchenmagd, musste dem Koch zur Hand gehen und die schwerste Arbeit tun. Sie machte sich in beiden Taschen ein Töpfchen fest, darin brachte sie nach Hause, was übrig geblieben war, und davon ernährten sie sich. Es trug sich zu, dass die Hochzeit des ältesten Königssohnes gefeiert werden sollte, da ging die arme Frau hinauf, stellte sich vor die Saaltür und wollte zusehen. Als nun die Lichter angezündet waren und immer einer schöner als der andere hereintrat und alles voll Pracht und Herrlichkeit war, da dachte sie mit betrübtem Herzen an ihr Schicksal und verwünschte ihren Stolz und Übermut, der sie erniedrigt und in so große Armut gestürzt hatte. Von den köstlichen Speisen, die ein und aus getragen wurden und von denen der Geruch zu ihr aufstieg, warfen ihr Diener manchmal ein paar Brocken zu, die tat sie in ihr Töpfchen und wollte es heimtragen.

Auf einmal trat der Königssohn herein, war in Samt und Seide gekleidet und hatte goldene Ketten um den Hals. Und als er die schöne Frau in der Tür stehen sah, ergriff er sie bei der Hand und wollte mit ihr tanzen, aber sie weigerte sich und erschrak, denn sie sah, dass es der König Drosselbart war, der um sie gefreit und den sie mit Spott abgewiesen hatte. Ihr Sträuben half nichts, er zog sie in den Saal; da zerriss das Band, an dem die Taschen hingen, und die Töpfe fielen heraus, dass die Suppe floss und die Brocken umhersprangen. Und wie das die Leute sahen, entstand ein allgemeines Gelächter und Spotten, und sie war so beschämt, dass sie sich lieber tausend Meter unter die Erde gewünscht hätte. Sie sprang zur Tür hinaus und wollte entfliehen, aber auf der Treppe holte sie ein Mann ein und brachte sie zurück; und wie sie ihn ansah, war es wieder der König Drosselbart.

Er sprach ihr freundlich zu: „Fürchte dich nicht, ich und der Spielmann, der mit dir in dem elenden Häuschen gewohnt hat, sind eins. Dir zuliebe habe ich mich verstellt, und der Soldat, der dir die Töpfe zerbrochen hat, bin ich auch gewesen. Das alles ist geschehen, um deinen stolzen Sinn zu beugen und dich für deinen Hochmut zu strafen, mit dem du mich verspottet hast."

Da weinte sie bitterlich und sagte: „Ich habe großes Unrecht getan und bin nicht wert, deine Frau zu sein."

Er aber sprach: „Tröste dich, die bösen Tage sind vorüber, jetzt wollen wir unsere Hochzeit feiern." Da kamen die Kammerfrauen und zogen ihr die prächtigsten Kleider an, und ihr Vater kam und der ganze Hof und alle wünschten ihr Glück zu ihrer Vermählung mit dem König Drosselbart, und die rechte Freude fing jetzt erst an.
Ich wollte, du und ich, wir wären auch dabei gewesen.

Allein unter vielen

Andere Kinder schließen sich vermeintlich stärkeren Kindern, die aggressives Verhalten zeigen, an oder schenken der Situation und dem Opfer keine Beachtung. Das Opfer fühlt sich oft hilflos und alleingelassen. Rückzug und Aggression gegen sich selbst oder andere sind mögliche Reaktionen. Die manchmal fließenden Grenzen zwischen Spaß und Schikane erschweren das frühzeitige Erkennen solcher Situationen.

Besonders Kinder mit einem eher schwach ausgeprägten Selbstwertgefühl werden zu Opfern. Starke Kinder können der Situation oftmals entgehen, weil sie dem Mobber selbstbewusst entgegentreten oder sich Erwachsenen anvertrauen und so Hilfe erhalten.

Wie Mobbing erkannt werden kann

Veränderte Verhaltensweisen wie Rückzug oder Aggression sind meist der erste Hinweis darauf, dass Ihr Kind Sorgen hat. Beobachten Sie aufmerksam: Hat Ihr Kind Freunde, verabredet es sich aus eigenem Antrieb? Versucht es plötzlich, möglichst spät oder gar nicht mehr in Kindergarten oder Schule zu gehen? Sind Kleidung oder private Gegenstände des Kindes überdimensional häufig verschmutzt, beschädigt oder „verloren gegangen"?

Sprechen Sie Ihr Kind behutsam darauf an. Suchen Sie den Austausch mit anderen Eltern,

So können Sie Ihrem Kind helfen:

* Wenn das Kind sich Ihnen anvertraut, hören Sie aufmerksam zu und nehmen Sie es unbedingt ernst. Auch wenn Sie als Erwachsener schon Lösungen sehen, ist die Situation für Ihr Kind unglaublich belastend.

* Zeigen Sie Ihre eigene Empörung darüber, dass jemand es wagt, so mit Ihrem Kind umzugehen. Vermitteln Sie deutlich, dass niemand das Recht hat, andere zu schikanieren, zu demütigen und fertigzumachen.

* Suchen Sie in Absprache mit Ihrem Kind Kontakt zu anderen Eltern, Erziehern oder (Vertrauens-)Lehrern, um die Aufmerksamkeit und Sensibilität für Gefahrensituationen zu erhöhen und Ihrem Kind dadurch Schutzräume zu schaffen.

* Suchen Sie gemeinsam Wege, wie es sein Selbstwertgefühl und sein Selbstbewusstsein stärken kann. Dies sollte zum einen in der Familie stattfinden, indem Sie Ihrem Kind Autosuggestionen mitgeben: „Ich bin gut, so wie ich bin", „Ich bin stark und ihr könnt mich nicht kleinkriegen" etc., zum anderen sind häufig Kurse wie z. B. Selbstverteidigung oder Judo für Kinder für die Entwicklung des Selbstvertrauens sehr hilfreich.

* Trainieren Sie Methoden, mit Stress gesund umzugehen, z. B. durch Entspannungsmethoden, sportliche Aktivitäten oder erfüllende Hobbys. Finden Sie heraus, was Ihrem Kind ganz individuell hilft, in einer akuten Stresssituation in sich selbst Kraft und Ruhe zu finden.

* Schwer, aber wirkungsvoll: Direkte Konfrontation schüchtert Mobber oftmals ein. Eine selbstbewusste Reaktion Ihres Kindes wie „Warum ärgerst du mich?" signalisiert Stärke, auch wenn sie Ihr Kind noch gar nicht empfinden kann.

* Lassen Sie Ihr Kind seine Mobbingerlebnisse in Tagebuchform schriftlich festhalten. So haben Sie einen Überblick über die Situationen, mögliche Muster und auch konkrete Angaben, falls Sie anderen gegenüber etwas beweisen sollen. Ihr Kind erhält so die Möglichkeit, wirre Gedanken und Zweifel zu ordnen und sie sich von der Seele zu schreiben/reden.

* Erstellen Sie Notfallpläne, die Ihrem Kind eine klare Anleitung geben. Besprechen Sie, wie wichtig es manchmal ist, sich Hilfe zu holen, auch von Erwachsenen! Finden Sie eine Vertrauensperson vor Ort, die in die Problematik eingeweiht und im Notfall zum Ansprechpartner wird.

* Sofern noch nicht vorhanden: Initiieren Sie Gewaltprävention und Aufklärungsarbeit an Kindergarten und Schule. Dazu gehört neben Informationen auch, Übungen und Spiele zum Thema anzuregen, z. B. die Vorschläge auf Seite 128 f. dieses Kapitels. So sensibilisieren Sie andere für das Thema Mobbing und Ausgrenzung und leisten wertvolle Präventionsarbeit.

Was Sie tun können

*D*as Wichtigste für jedes Mobbingopfer ist, dass es einen Platz hat, an dem es Sicherheit findet. Und dass es Möglichkeiten kennenlernt, der Mobbingsituation zu entgehen. Ein Opfer, das sich weder duckt noch aufgebracht reagiert, wird für Mobber uninteressant.

Hilfe, mein Kind mobbt andere!

*B*leiben Sie zunächst ruhig, auch wenn Sie wütend über dieses Verhalten sind oder sich dafür schämen. Sehen Sie sich die Situation genau an: Handelt es sich nur um ein „Platzhirschgerangel", wie es phasenweise immer wieder vorkommen kann, oder steckt mehr dahinter? Besprechen Sie mit Ihrem Kind, was Mobbing für Konsequenzen für das Opfer hat: Ohnmacht, Scham, Angst, Verlust jeder Selbstsicherheit. Oft ist das einem Kind gar nicht bewusst und es bereut sein Verhalten.

Erziehern oder Lehrern, achten Sie aber unbedingt darauf, Ihr Kind in diesen Prozess miteinzubeziehen. Respektieren Sie, wenn das Kind sich nicht allen anvertrauen möchte: Durch das Eingestehen der Mobbingsituation zeigt sich das Kind aus seiner Wahrnehmung heraus als schwach und es schämt sich möglicherweise dafür. Dies kann die Belastung verstärken.

Eine relativ neue Problematik ist das sogenannte Cyber- oder Internetmobbing. Bilder, Videos oder Beschimpfungen werden online gestellt und so einer breiten Masse zugänglich gemacht. Achten Sie sorgsam auf das Internetverhalten Ihres Kindes und seinen Umgang. Beugen Sie vor, indem Sie Ihr Kind für den möglichen Missbrauch seiner persönlichen Daten im Internet sensibilisieren. Denken Sie bei Auffälligkeiten oder neuen Verhaltensweisen Ihres Kindes immer auch an diese Möglichkeit.

Sollte Ihr Kind trotz eines ruhigen Aufklärungs-gespräches weiter andere unterdrücken, sollten Sie seine Motivation herausfinden. Notfalls auch mit professioneller Hilfe. Häufig steckt eigenes Minderwertigkeitsgefühl dahinter.

Dies lässt sich aber – wie bei Opfern auch – mithilfe einiger Techniken und Aktivitäten in ein gesundes Selbstwertgefühl wandeln. Starke Kinder können auch andere starke Kinder neben sich dulden.

Darum geht es in
König Drosselbart

König Drosselbart ist einer der zahlreichen königlichen Freier einer hochmütigen Prinzessin, die von ihr gnadenlos wegen ihres Äußeren verspottet werden. „Drosselbart" nennt sie ihn, da sein Kinn krumm gewachsen ist.

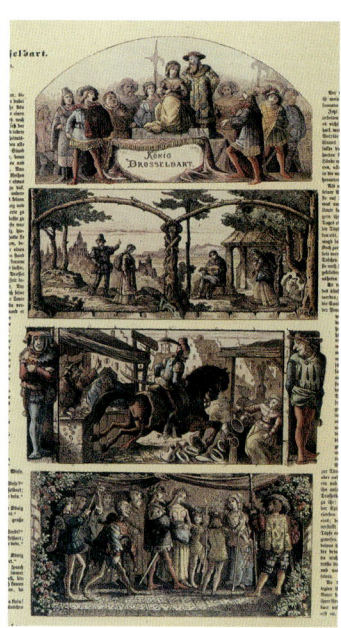

Das ist typisch für Mobbing: Im Äußeren einer Person wird ein Mangel oder Makel gesucht und benutzt, um selbst vermeintlich besser dazustehen. Ein König kann und darf dies jedoch nicht tolerieren. Als Herrscher des Landes sorgt er für sein Volk und nimmt jeden so, wie er ist. So kommt es, dass der Vater der hochmütigen Prinzessin über ihr Verhalten sehr zornig wird. Er will es weder länger mitansehen noch dulden, dass seine Tochter so herablassend und würdelos ist.

Er befiehlt, dass sie den ersten Bettler heiraten muss, der vor der Tür steht. Aller Widerstand der Prinzessin nützt nichts und der Spielmann, der kurz darauf im Schloss erscheint, bekommt sie zur Frau.

Das ist eine harte Strafe für die verwöhnte Prinzessin. Ein Bettler zum Mann! Wo sie doch vorher schon mit den Königen und Königssöhnen nicht zufrieden war. Wie wird es ihr dann nur mit einem Bettler ergehen?

Sie muss sich aber beugen, und während sie ihrem neuen Ehemann zu seiner ärmlichen

Kleine Symbolkunde

Das Märchen greift zu äußeren Merkmalen wie die **große Wiese** oder die **große Stadt**, um zu verdeutlichen, dass die Prinzessin noch einiges zu lernen hat. Da sie noch nicht bereit war, über etwas so Großes zu herrschen, muss sie zunächst Erfahrungen im Kleinen machen. Sie benötigt das Leben in der kleinen Hütte, um so zu reifen, dass sie evtl. wieder in ein Schloss zurückkehren und dort leben kann.

Hütte folgt, bedauert sie sich selbst, dass sie den König Drosselbart abgelehnt hat, da dieser im Gegensatz zu ihrem Mann über ein großes und schönes Reich herrscht. Sie sieht und begreift, was sie alles verpasst hat.

In ihrem neuen Zuhause muss die Prinzessin alle Arbeit selbst erledigen. Sie muss lernen, für sich selbst und andere zu sorgen. Da sie bisher immer bedient wurde, hat sie keine Ahnung von der Hausarbeit und benötigt bei allem die Hilfe ihres Mannes, was sie vermutlich sehr demütigt. Als sie einmal auf dem Markt Geschirr verkauft, um Geld für den Lebensunterhalt zu verdienen, wird die Ware von einem Husaren kaputt geritten, woraufhin die Prinzessin die Stelle einer Küchenmagd im Schloss annimmt.

Sie bringt sich und ihrem Mann immer wieder Essen aus dem Schloss mit, das sie heimlich unter der Schürze versteckt. Eines Tages soll die Hochzeit des Königssohnes gefeiert werden und die junge Frau kann nicht widerstehen, einen Blick in den Saal zu werfen. Früher einmal stand sie selbst in solchen Sälen, hat als Prinzessin selbst an prunkvollen Festen teilgenommen.

Beim Anblick der ganzen Pracht begreift sie wehmütig, dass ihr Stolz und Hochmut sie erniedrigt und arm gemacht haben. Da wird sie vom Königssohn mitgezogen, in dem sie zu ihrem Erschrecken den König Drosselbart erkennt, den sie einst verspottet hatte. Weil er sie gar so zerrt, verliert sie das gestohlene Essen. Sie wird laut ausgelacht und verspottet.

Ihre Demütigung hat den Höhepunkt erreicht und man kann hier schon Mitleid mit ihr empfinden. Sie wurde genug für ihr Verhalten „bestraft" und dürfte nun am eigenen Leib erfahren haben, was es heißt, von anderen ausgelacht zu werden.

Als sie beschämt davonrennt, folgt König Drosselbart ihr und erklärt, dass er sich ihr zuliebe als armer Spielmann und Husar verstellt hat, um sie erleben zu lassen, wie es sich anfühlt, verspottet und abgewiesen zu werden. Endlich kann Hochzeit gefeiert werden von einem Königssohn mit äußerlichem Makel und einer Prinzessin, die gelernt hat, dass andere nicht nach ihrem Äußeren beurteilt werden sollten, weil einem sonst die wahren Schätze in ihnen verborgen bleiben.

Fragen an Kinder zum Märchen:

* Warum ist der Prinzessin keiner gut genug?
* Ist es gerecht, dass der König sie einem Bettler verspricht?
* Wie fühlt sich wohl der König Drosselbart?
* Wie geht es wohl der Prinzessin in der Hütte?
* Warum will König Drosselbart sie, obwohl sie so böse zu ihm war?

Übungen & Spiele

*B*eziehen Sie unter Umständen das Kapitel *Anderssein und Behinderung* auf Seite 142 ff. mit seinen Übungen und Spielen mit ein.

Diese Übungen und Spiele eignen sich am besten in Gruppen, können aber natürlich auch nur von Ihnen und Ihrem Kind durchgeführt werden.

Collagenarbeit

*L*assen Sie Ihr Kind Zeitungen, Zeitschriften und Magazine sammeln und stellen Sie Papier und Malutensilien zur Verfügung. Erlaubt ist, was die Fantasie hergibt und zum Thema passt.

Geben Sie ein Thema vor, z. B. „Was ist Mobbing?", „Was passiert bei Mobbing?" oder „Gemein sein zu anderen".

Das mag vielleicht schwer klingen, aber trauen Sie den Kindern zu, dass sie die Themen auf ihre Art und Weise bearbeiten und Bilder finden, die das Thema zum Ausdruck bringen. Manchmal sind dies konkrete Bilder, die Situationen darstellen, aber auch Abstraktes, wie Farben, die Geschrei oder Emotionen zeigen, drückt etwas aus. Lassen Sie die Kinder ihre Collage selbst vorstellen, um zu verstehen, was sie sich dabei gedacht haben und was sie bewegt.

Momentesammler

*L*assen Sie die Kinder über einen vorgegebenen Zeitraum von etwa zwei bis drei Tagen Momente und Situationen „sammeln", in denen sie Mobbing, gemeines Verhalten anderer und böse Sprüche gesehen und gehört haben. Es kann sich um das eigene Verhalten, das Verhalten anderer gegen die Kinder oder nur ganz allgemein beobachtetes Verhalten handeln, das spielt keine Rolle.

Sprechen Sie über diese Momente und überlegen Sie gemeinsam, was das nächste Mal vielleicht dagegen unternommen werden könnte. Gestalten Sie evtl. eine Collage mit selbst formulierten Verhaltensregeln und hängen Sie sie auf. Die Übungen zur Zivilcourage auf Seite 130 ff. im Kapitel *Respekt und Zivilcourage* können Ihnen weitere Anregungen liefern.

Gewaltfreie Kommunikation

Gewaltfreie Kommunikation hat klare Regeln und basiert auf gegenseitigem Respekt und Toleranz. Es gibt verschiedene mehr oder weniger bekannte Modelle, manche davon sind direkt auf die Kommunikation mit Kindern zugeschnitten.

Vom Erlernen dieser achtenden Kommunikation profitiert wirklich jeder und es gibt sowohl Lektüre als auch Kurse dazu.

Allgemeine Kommunikationsregeln:

* Richtiges Zuhören hat etwas mit achtsamer Präsenz zu tun: Achten Sie darauf, mit Ihrem Kopf ganz „bei der Sache" zu sein, wenn Ihr Kind Ihnen etwas erzählt, und wenden Sie sich ihm ganz zu. Dinge wie z. B. das gleichzeitige Blättern in einem Magazin senden das vielleicht falsche Signal, dass Ihnen das Gespräch gleichgültig ist.
* Suchen Sie nicht schon beim Zuhören nach Antworten, sondern hören Sie einfach nur zu. Auch eigene Gedanken zum Thema sollten vorerst warten.
* Signalisieren Sie Ihrem Kind durch gelegentliches Nicken, eine Wiederholung der wesentlichen Aussage oder gezieltes Nachfragen, dass Sie es verstehen.
* Es geht nicht darum, dass Sie derselben Meinung sein müssen, sondern darum, dass sich Ihr Kind als Gesprächspartner ernst genommen fühlt. Deshalb versuchen Sie zuerst einmal, offen zu sein und Ihrem Kind zu zeigen, dass es über alles mit Ihnen reden kann und darf. Wenn Ihr Kind spürt, dass Sie es ernst nehmen, wird es sich auch mit größeren Problemen an Sie wenden.
* Sollte das Gespräch zu einem ungünstigen Zeitpunkt kommen, an dem Sie sich aus irgendeinem Grund nicht darauf einlassen können, sagen Sie Ihrem Kind das freundlich, aber deutlich. Nur so kann es verstehen, dass Sie zwar Interesse haben, aber einfach „keinen Nerv" oder keine Zeit zum aufmerksamen Zuhören. Am besten vereinbaren Sie mit Ihrem Kind gleich einen zeitnahen „Termin", damit das Gespräch nicht ungewollt unter den Tisch fällt.

Respekt und Zivilcourage

Respekt ist die Achtung der Würde – der würdevolle Umgang mit anderen Lebewesen und unserer Natur. Nur wenn wir begreifen, dass jeder seine ganz individuellen und einzigartigen Fähigkeiten mit auf die Welt bringt, und ihm den Raum geben, diese auch zu leben, erfahren wir einen friedlichen Umgang im Miteinander.

Die Bienenkönigin

Zwei Königssöhne gingen einmal auf eine Abenteuerreise und gerieten in ein wildes, wüstes Leben, sodass sie gar nicht wieder nach Hause kamen. Der jüngste, welcher der Dummling hieß, machte sich auf und suchte seine Brüder. Aber wie er sie endlich fand, verspotteten sie ihn, dass er sich mit seiner Einfalt durch die Welt schlagen wollte, obwohl sie zwei sich schwertäten und doch viel klüger wären als er.

Sie zogen alle drei miteinander fort und kamen an einen Ameisenhaufen. Die zwei ältesten wollten ihn aufwühlen und sehen, wie die kleinen Ameisen in der Angst herumkröchen und ihre Eier forttrügen, aber der Dummling sagte: „Lasst die Tiere in Frieden, ich mag nicht, dass ihr sie stört!"

Da gingen sie weiter und kamen an einen See, auf dem schwammen viele, viele Enten. Die zwei Brüder wollten ein paar fangen und braten, aber der Dummling ließ es nicht zu und sprach: „Lasst die Tiere in Frieden, ich mag nicht, dass ihr sie tötet!"

Endlich kamen sie an ein Bienennest, darin war so viel Honig, dass er am Stamm herunterlief. Die zwei wollten Feuer unter den Baum legen und die Bienen ersticken, damit sie den Honig wegnehmen könnten. Der Dummling hielt sie aber wieder ab und sprach: „Lasst die Tiere in Frieden, ich mag nicht, dass ihr sie verbrennt!"

Endlich kamen die drei Brüder in ein Schloss, wo in den Ställen lauter steinerne Pferde standen, auch war kein Mensch zu sehen, und sie gingen durch alle Ställe, bis sie an eine Türe ganz am Ende kamen, davor hingen drei Schlösser; es war aber mitten in der Türe ein Löchlein, dadurch konnte man in die Stube sehen. Da sahen sie ein graues Männchen, das an einem Tisch saß. Sie riefen es an, einmal, zweimal, aber es hörte nicht. Endlich riefen sie zum dritten Mal; da stand es auf, öffnete die Schlösser und kam heraus. Es sprach aber kein Wort, sondern führte sie zu einem reich besetzten Tisch; und als sie gegessen und getrunken hatten, brachte es einen jeden in sein eigenes Schlafgemach.

Am andern Morgen kam das graue Männchen zu dem Ältesten, winkte und leitete ihn zu einer steinernen Tafel, darauf standen drei Aufgaben geschrieben, wodurch das Schloss erlöst werden könnte.
Die erste war: In dem Wald unter dem Moos lagen die Perlen der Königstochter, tausend an der Zahl; die mussten aufgesucht werden, und wenn vor Sonnenuntergang noch eine einzige fehlte, so ward der, welcher gesucht hatte, zu Stein.

Der Älteste ging hin und suchte den ganzen Tag, als aber der Tag zu Ende war, hatte er erst hundert gefunden; es geschah, wie auf der Tafel stand: Er ward in Stein verwandelt.
Am folgenden Tage unternahm der zweite Bruder das Abenteuer; es ging ihm aber nicht viel besser als dem Ältesten, er fand nicht mehr als zweihundert Perlen und ward zu Stein.

Endlich kam auch an den Dummling die Reihe, der suchte im Moos; es war aber so schwer, die Perlen zu finden, und ging so langsam. Da setzte er sich auf einen Stein und weinte. Und wie er so saß, kam der Ameisenkönig, dem er einmal das Leben erhalten hatte, mit fünftausend Ameisen, und es währte gar nicht lange, so hatten die kleinen Tiere die Perlen miteinander gefunden und auf einen Haufen getragen.

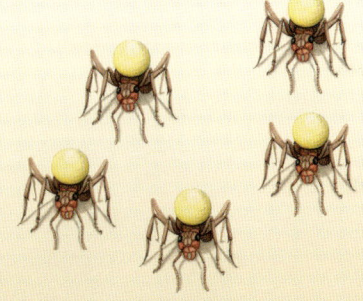

Die zweite Aufgabe aber war, den Schlüssel zu der Schlafkammer der Königstochter aus dem See zu holen. Wie der Dummling zum See kam, schwammen die Enten, die er einmal gerettet hatte, heran, tauchten unter und holten den Schlüssel aus der Tiefe.

*D*ie dritte Aufgabe aber war die schwerste: Von den drei schlafenden Töchtern des Königs sollte die jüngste und die liebste herausgesucht werden. Sie glichen sich aber vollkommen und waren durch nichts verschieden, außer dass sie, bevor sie eingeschlafen waren, verschiedene Süßigkeiten gegessen hatten, die älteste ein Stück Zucker, die zweite ein wenig Sirup, die jüngste einen Löffel Honig. Da kam die Bienenkönigin von den Bienen, die der Dummling vor dem Feuer geschützt hatte, und versuchte den Mund von allen dreien, zuletzt blieb sie auf dem Mund sitzen, der Honig gegessen hatte, und so erkannte der Königssohn die rechte.

*D*a war der Zauber vorbei, alles war aus dem Schlaf erlöst, und wer zu Stein geworden war, erhielt seine menschliche Gestalt wieder. Und der Dummling vermählte sich mit der jüngsten und liebsten und ward König nach ihres Vaters Tod, seine zwei Brüder aber erhielten die beiden andern Schwestern.

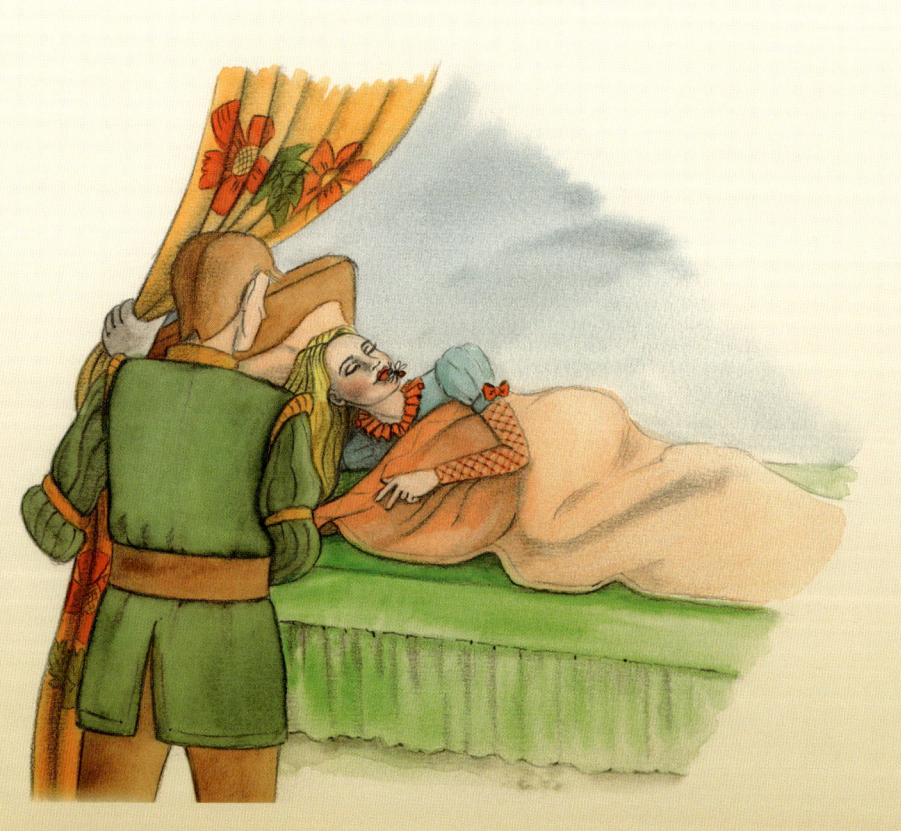

Die Eltern als Vorbild

*I*n unserer westlichen Welt war man früher der Ansicht, Kinder seien noch keine „vollständigen" und damit ernst zu nehmenden Menschen. Dieses Bild hat sich zum Glück gewandelt. Kinder sind ernst zu nehmen und verdienen Respekt. Für Sie als Eltern geht es darum, Ihrem Kind Respekt entgegenzubringen und es einen respektvollen Umgang mit anderen zu lehren: Das betrifft nicht nur Menschen, sondern auch Tiere und unsere Natur.

Wie eigentlich immer sind Sie auch hier das größte Vorbild, deswegen sollten Sie Folgendes kritisch unter die Lupe nehmen:

✳ Wie spreche ich von anderen in deren Abwesenheit?

✳ Wie verhalte ich mich im Umgang mit anderen?

✳ Wie spreche ich mit meinem Kind über andere?

Bewusst oder unbewusst orientiert sich Ihr Kind an Ihnen und Ihrem Verhalten und wird es vermutlich ähnlich nachahmen. Die Haltung Ihres Kindes ändert sich möglicherweise später noch, vor allem während der Pubertät. Doch die Eckpfeiler, die Sie als Eltern gesteckt haben, bleiben meist tief verwurzelt. Deshalb ist das oberste Ziel, hier Eckpfeiler zu stecken, die eine positive Haltung zum Thema Respekt, Achtung und Toleranz innehaben, sodass Ihr Kind ganz selbstverständlich andere Lebewesen und seine Umwelt achtet.

Ja, aber …

*N*atürlich gibt es Momente, in denen Sie sich so über jemanden ärgern, dass Sie über denjenigen schimpfen, oder in denen Sie eine Situation (vielleicht falsch) einschätzen und sich ein ungünstiges Urteil bilden. Nobody's perfect! Erklären Sie Ihrem Kind, warum Sie jetzt schimpfen. Wo wir in Beziehung zu anderen treten, kommt es immer wieder einmal zu Spannungen. Es ist wichtig, dass Ihr Kind das versteht und erfährt, dass diese vermeintliche Respektlosigkeit keine Grundhaltung von Ihnen ist, sondern eine menschliche Reaktion und Ausnahme. Zum Respekt gehört auch, dass Sie sich selbst und Ihre Gefühle ernst nehmen – und wenn da Ärger ist, dann muss der raus.

Ein Bestandteil des Respekts und der Achtung anderer ist das Thema der Zivilcourage. In unserer Gesellschaft wird dieses Thema immer wichtiger, erleben wir doch zunehmende Vereinzelung und ein fehlendes „Wir-Gefühl" außerhalb bestehender Gruppen. Werfen Sie auch hier einen kritischen Blick in den Spiegel:

Helfen Sie auf der Straße oder der Bahn auch mal anderen Menschen oder sind „die anderen" Ihnen egal? Ihr Kind lernt früh, dass es nötig ist, anderen Menschen zur Seite zu stehen, wenn diese Hilfe brauchen. Dabei beginnt Zivilcourage schon, wenn wir anderen Menschen die Hand zum Einsteigen reichen, und kann durchaus bis zu einem unterstützenden Eingreifen bei „Pöbeleien" gehen.

Sie sollten Ihrem Kind unbedingt erklären und aufzeigen, dass trotz aller Hilfsbereitschaft Zivilcourage auch ihre Grenzen haben kann. Es ist wichtig, dass Ihr Kind auf sich selbst achtet und sich schützt, wenn es durch seine Hilfe selbst in Gefahr gelangen könnte. Doch wenn es sich in solchen Situationen nicht ab-

wendet, sondern sich zusätzliche Unterstützung durch Erwachsene holt oder z. B. den Notruf wählt, hat es schon mehr getan als viele andere.

Darum geht es in
Die Bienenkönigin

Zwei Königssöhne sind gemeinsam auf Wanderschaft. Ihr dritter und jüngster Bruder ist nicht dabei; als die beiden älteren jedoch lange nicht nach Hause zurückkehren, macht er sich auf die Suche nach ihnen. Als er sie findet, schließt er sich ihrer Wanderschaft an. Die beiden älteren halten sich für besonders klug, sehen hochmütig auf den vermeintlich einfältigen jüngeren Bruder herab und verspotten ihn. Als die drei zu einem Ameisenhügel kommen, wollen die beiden älteren ihn aufwühlen, um ihren Spaß zu haben, aber der jüngste lässt dies nicht zu. Er verhindert auch, dass die Brüder am See die Enten töten und einen Bienenstock ausräuchern, um an den Honig zu gelangen.

Jedes Mal setzt sich der jüngste der Brüder für die Tiere ein, weil er sich nicht daran erfreuen kann, anderen Lebewesen Leid zuzufügen oder sie gar zu quälen. Er zeigt Mut und Zivilcourage und stellt sich gegen die Stärkeren, obwohl er Gefahr läuft, dass niemand auf ihn hört. Wie wir aus dem Märchen wissen, wird er später noch für diese Courage belohnt.

Da kommen die drei Brüder zu einem verwunschenen Schloss, in dem alles Leben zu Stein geworden war. Ein graues Männchen stellt den Jungen drei Aufgaben, die sie bewältigen müssen, um nicht auch zu Stein zu werden: Sie müssen tausend Perlen unter dem Moos zusammensuchen, einen Schlüssel aus dem See heraufholen und unter den drei Prinzessinnen die jüngste und liebste herausfinden.

Die beiden älteren Brüder können die Aufgaben nicht lösen und erstarren zu Stein. Doch der jüngste erhält Hilfe von den Tieren, denen er das Leben gerettet hat, und löst alle Aufgaben.

Wie auch bei Aschenputtel und dem Sortieren der Linsen (siehe Kapitel *Patchworkfamilie und Toleranz* auf Seite 84 ff.) stehen die Brüder vor einer schier unlösbaren Aufgabe, die ohne Hilfe gar nicht zu meistern wäre. Zudem reicht es nicht, dass ihnen nur einer hilft, sie brauchen spezielle Hilfe: die Ameisen für die Perlen, die Enten für den Schlüssel und die Bie-

nen für den Honigmund. Es hätte nicht viel gebracht, wenn die Bienen bei dem Problem mit dem Schlüssel geholfen hätten.

Hier wird die Fähigkeit beschrieben, ein Problem richtig zu erkennen und adäquate Unterstützung dafür zu bekommen.

Der Zauber im Schloss ist gebrochen, die versteinerten Brüder sind erlöst und die drei vermählen sich mit den Prinzessinnen. Der Jüngste wird schließlich König.

Er weiß selbst, wie es ist, von Älteren und Stärkeren nicht geachtet zu werden, und zeigt Respekt und Zivilcourage, als er die schwächeren Tiere beschützt. Die Versteinerung der Brüder steht sinnbildlich für das, was in ihnen selbst ist: Kälte und Härte gegenüber allem Lebendigen. Daher erhalten auch nicht sie, sondern der jüngste Bruder Hilfe durch die Tiere. Damit bedanken sie sich für den entgegengebrachten Respekt und zeigen, dass ein friedliches und respektvolles Miteinander einen weiter bringt als Hochmut und Intoleranz.

Fragen an Kinder zum Märchen:

★ Warum hat der jüngste Bruder die Tiere beschützt? Wie hat er das gemacht?

★ Warum haben die Ameisen, die Enten und die Bienen dem jüngsten Bruder geholfen? Wie haben sie das gemacht?

★ Kann man jedem Menschen/Tier ansehen, ob er/es etwas Besonderes kann oder weiß?

★ Wie kannst du selbst Respekt im Umgang mit anderen zeigen?

Übungen & Spiele

Körpergefühl

Zwei Personen stehen sich mit verschlossenen Augen gegenüber. Die eine Person übernimmt die Rolle des Täters, die andere die des ängstlichen Opfers. Beide versetzen sich gedanklich in ihre Rolle. Dann öffnen sie die Augen und nehmen die Körperhaltung und den Gesichtsausdruck an, mit dem sie die jeweiligen Gedanken und Gefühle zum Ausdruck bringen, z. B. Täter: „Dich mach ich fertig, du zitterst ja schon!" und Opfer: „Warum hilft mir niemand? Mir rutscht das Herz in die Hose." Die Spieler verharren etwa eine Minute in dieser Haltung, bevor sie sich daraus lösen

und über die Erfahrungen austauschen. Weshalb hat sich jemand schwach oder unterlegen gefühlt? Weshalb jemand stark und überlegen?

Sinn der Übung ist es, ein Gefühl dafür zu bekommen, wie man sich als Opfer fühlt und weshalb. Lassen Sie Ihr Kind beobachten, wie es sich anfühlt, der Stärkere zu sein. Vielleicht ja sogar ganz gut? Sich stark zu fühlen, gibt Selbstvertrauen. Allerdings hängt es nicht wenig vom Gegenüber ab, wie stark man sich fühlt.

Diese Übung sollte mit verschiedenen Partnern durchgeführt werden, wobei jeder einmal Täter und einmal Opfer ist.

Variation: Während der Täter noch in seiner Haltung bleibt, darf das Kind in der Opferrolle nach der Minute des Hineinspürens auch mal ausprobieren, was passiert, wenn es die Körperhaltung verändert, sich z. B. bewusst aufrichtet und größer macht. Was ändert sich am eigenen Gefühl? Was nimmt der Täter nun wahr?

Rollenspiel

In der Gruppe wird eine Situation nachgespielt, die ein Teilnehmer selbst erlebt hat. Einer übernimmt die Rolle des Opfers, einer oder mehrere (je nach Situation) die Rolle des Täters, die anderen sind aufmerksame Zuschauer. Der Teilnehmer, dessen Situation nachgespielt wird, kann entweder selbst das Opfer spielen oder Regisseur für „seinen" Schauspieler sein. Je nachdem kann er seine Sichtweise und sein Empfinden variieren.

Beim ersten Durchgang wird die Situation genauso nachgespielt, wie sie passiert ist. Bei den weiteren Durchgängen kann dann jeder spontan und ohne Absprache neue Handlungsideen einbringen. Nur der Täter bleibt so nah wie möglich am ursprünglichen Verhalten. Reagiert das Opfer nun anders oder vielleicht auch früher? Erhält es Hilfe von anderen?

Diese Übung zeigt, wie wirksam gemeinsames Handeln ist. Zudem lassen sich Situationen auch spielerisch neu betrachten: Welche Möglichkeiten, die Situation zu entschärfen oder aufzulösen, hat das Opfer vielleicht gar nicht wahrgenommen? Über welche Stärke verfügt es vielleicht, zu der es in der Situation keinen Zugang hatte? Das wohlwollende Feedback der Gruppe und die eigenen Eindrücke verschmel-

zen zu einem neuen „Handwerkskoffer" für schwierige Situationen.

Dieses Rollenspiel ist nicht nur gut, um vergangene Situationen zu beleuchten, sondern auch eine sehr gute Vorbereitung auf kommende Situationen im realen Leben.

„Stopp!"

Diese Übung besteht aus drei einzelnen Teilübungen, die jedoch zusammen wirken und deshalb am besten direkt nacheinander durchgeführt werden. In der Ausgangssituation stehen sich zwei Personen in sehr großem Abstand gegenüber. Einer ist das „Opfer", der andere der Angreifer.

Die Grenze spüren

*B*eim ersten Mal geht der Angreifer zügig und mit bösem Gesichtsausdruck auf das Opfer zu. Das Opfer spürt in sich selbst hinein. Sobald sich in ihm ein ungutes Gefühl breitmacht, nimmt es eine selbstsichere Haltung ein, blickt dem Angreifer fest in die Augen und sagt laut und deutlich: „Stopp!" Der Angreifer bleibt sofort stehen.

Die Grenze verteidigen

*B*eim zweiten Mal geht der Angreifer erneut auf das Opfer wie oben beschrieben zu und das Opfer sagt „Stopp!". Dieses Mal lässt sich der Angreifer davon jedoch nicht beeindrucken und geht weiter auf sein Opfer zu. Erst bei der zweiten Aufforderung „Stopp!" bleibt der Angreifer stehen.

Bis hierhin und nicht weiter!

*D*ie Übung läuft ab wie in Schritt 1 und 2. Dieses Mal bleibt der Angreifer jedoch erst stehen, wenn er das Gefühl hat, dass es einen Schritt weiter ungemütlich wird und er besser nicht weitergeht. Also dann, wenn Körperhaltung und Stimme des Opfers klar und deutlich zum Ausdruck bringen: „Bis hierhin und nicht weiter!"

Ziel der Übung ist zu erfahren, dass Körperhaltung, Mimik und Sprache anderen Menschen deutliche Grenzen aufzeigen und sie in ihre Schranken verweisen können, ganz egal wie klein oder sogar schwach jemand tatsächlich ist.

Vielleicht muss das „Opfer" im letzten Schritt laut werden und seine Aufforderung mehrmals

wiederholen, bis der Angreifer anhält. Aber das ist gut so und der Sinn der Sache: laut und deutlich zu werden, Stimme und Körperausdruck einzusetzen, auf sich und seine Grenze aufmerksam zu machen und der Empörung freien Lauf zu lassen. So kann es plötzlich passieren, dass der Angreifer unvermittelt innehält – obwohl ihm gegenüber „nur" ein kleines, zierliches Mädchen steht …

Ich & du – die Botschaft macht's

*W*enn wir uns mitteilen und das Verhalten eines anderen kritisieren, benutzen wir häufig sogenannte „Du-Botschaften", z. B. „Du fällst mir schon wieder ins Wort!" Solche Aussagen fasst der Andere oft als negative Bewertung auf. Er fühlt sich angegriffen oder herabgesetzt und reagiert mit Abwehr. Gerade im Gespräch mit einem Angreifer kann das problematisch werden, da dieser sich selbst angegriffen fühlen und dementsprechend aggressiver reagieren könnte.

„Ich-Botschaften" sind im Gespräch generell und auch in einer „Täter-Opfer-Situation" wesentlich besser. Sie sagen im Gegensatz zu „Du-Botschaften" etwas darüber aus, wie der Sprecher sich in Bezug auf das Verhalten des anderen fühlt, z. B. „Ich ärgere mich, wenn ich

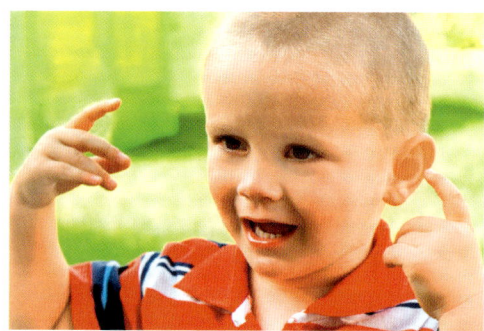

meinen Satz nicht ungestört zu Ende reden kann. (Da fühle ich mich nicht respektiert.)"

Diese Art der Botschaft verlangt zwar ein bisschen Übung, ist aber nicht schwer. Versuchen Sie und Ihr Kind ganz bewusst, solche „Ich-Botschaften" zu verwenden und sie in den (Familien-)Alltag einzubauen. Mit der Zeit wird sich der selbstverständliche Gebrauch einschleifen.

Die drei Teile der „Ich-Botschaft":

1. Genaue Beschreibung des Verhaltens oder der Situation: „Du fällst mir häufig ins Wort, damit unterbrichst du meine Rede."
2. Die Beschreibung der Gefühle, die dadurch ausgelöst werden: „Das macht mich wütend und traurig (weil ich mich nicht wertgeschätzt fühle)."

3. Beschreibung der Folgen, die das für einen selbst oder andere hat: „Deswegen bin ich dann schlecht drauf und habe überhaupt keine Lust mehr, dir etwas zu erzählen."

Eine „Ich-Botschaft" transportiert die eigenen Gefühle zum anderen, gibt etwas von sich preis. Das mag zwar zuerst als Schwäche erscheinen, zeugt aber eigentlich von sehr viel Stärke und Souveränität: Die eigene Angst, dass dem anderen die Gefühle unwichtig sein könnten, wird überwunden. Das Gegenüber kann eine solch offene und ehrliche Botschaft und Reaktion auch ganz ordentlich überraschen. Dafür ebnet das aber dann auch den Weg in ein Gespräch, in dem gegenseitiger Respekt und Wertschätzung möglich werden. Der andere muss nicht abwehrend reagieren, sondern kann vielleicht sogar sagen: „Oh, Entschuldigung, das wollte ich gar nicht. Bitte rede zu Ende."

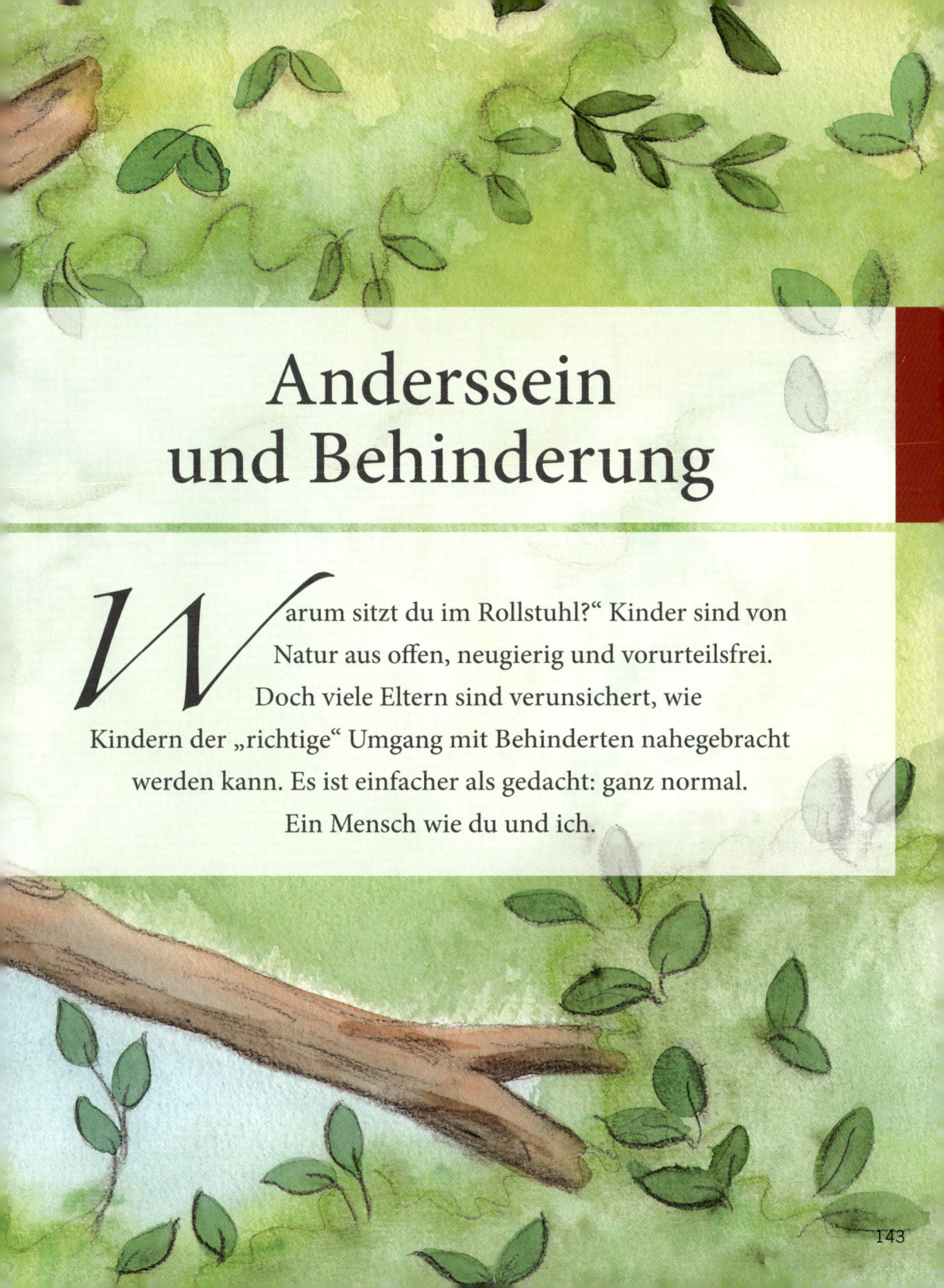

Anderssein und Behinderung

W arum sitzt du im Rollstuhl?" Kinder sind von Natur aus offen, neugierig und vorurteilsfrei. Doch viele Eltern sind verunsichert, wie Kindern der „richtige" Umgang mit Behinderten nahegebracht werden kann. Es ist einfacher als gedacht: ganz normal. Ein Mensch wie du und ich.

143

Hans mein Igel

Es war einmal ein Bauer, der hatte viel Geld und Gut, aber so reich er auch war, so fehlte doch etwas an seinem Glück. Er hatte mit seiner Frau keine Kinder. Öfters, wenn er mit den anderen Bauern in die Stadt ging, spotteten sie über ihn und fragten, warum er keine Kinder hätte. Da ward er zornig, und als er nach Hause kam, sprach er: „Ich will ein Kind haben, und sollt's ein Igel sein!"

Da kriegte seine Frau ein Kind, das war oben ein Igel und unten ein Junge, und als sie das Kind sah, erschrak sie und sprach: „Siehst du, du hast uns verwünscht!"

Da sprach der Mann: „Was kann das alles helfen, getauft muss der Junge werden, aber wir können keinen Paten dazu nehmen."

Die Frau sprach: „Wir können ihn auch nicht anders taufen als Hans mein Igel."

Als er getauft war, sagte der Pfarrer: „Er kann wegen seiner Stacheln in kein normales Bett kommen."

Da wurde hinter dem Ofen ein wenig Stroh zurechtgemacht und Hans mein Igel daraufgelegt. Er konnte auch an der Mutter nicht trinken, denn er hätte sie mit seinen Stacheln gestochen. So lag er da hinter dem Ofen acht Jahre, und sein Vater war ihn müde und dachte, wenn er nur stürbe; aber er starb nicht, sondern blieb da liegen.

Nun trug es sich zu, dass in der Stadt ein Markt war, und der Bauer wollte hingehen, da fragte er seine Frau, was er ihr sollte mitbringen. „Ein wenig Fleisch und Brot, was zum Haushalt gehört", sprach sie.

Darauf fragte er die Magd, die wollte ein Paar Schuhe und Strümpfe.

Endlich sagte er auch: „Hans mein Igel, was willst du denn haben?"

„Väterchen", sprach er, „bringt mir doch einen Dudelsack mit!"

Wie nun der Bauer wieder nach Hause kam, gab er der Frau, was er ihr gekauft hatte, Fleisch und Brot, dann gab er der Magd die Schuhe und die Strümpfe, endlich ging er hinter den Ofen und gab dem Hans mein Igel den Dudelsack. Und als Hans mein Igel den Dudelsack hatte, sprach er: „Väterchen, geht doch vor die Schmiede und lasst mir meinen Hahn beschlagen, dann will ich fortreiten und will nimmermehr wiederkommen."

Da war der Vater froh, dass er ihn loswerden sollte, und ließ ihm den Hahn beschlagen, und als er fertig war, setzte sich Hans mein Igel darauf, ritt fort, nahm auch Schweine und Esel mit, die wollte er draußen im Walde hüten.

Im Wald aber musste der Hahn mit ihm auf einen hohen Baum fliegen, da saß er und hütete die Esel und Schweine und saß lange Jahre, bis die Herde ganz groß war, und sein Vater wusste nichts von ihm.

Wenn er aber auf dem Baum saß, blies er seinen Dudelsack und machte Musik, die war sehr schön. Einmal kam ein König vorbeigefahren, der hatte sich verirrt, und hörte die Musik. Da verwunderte er sich darüber und schickte seinen Diener hin, er sollte sich einmal umschauen, wo die Musik herkäme. Er blickte sich um, sah aber nichts als ein kleines Tier auf dem Baum oben sitzen, das war wie ein Hahn, auf dem ein Igel saß, und der machte die Musik. Da sprach der König zum Bedienten, er sollte fragen, warum er dasäße und ob er nicht wüsste, wo der Weg in sein Königreich ginge. Da stieg Hans mein Igel vom Baum und sprach, er wollte den Weg zeigen, wenn der König ihm wollte verschreiben und versprechen, was ihm zuerst begegnete am königlichen Hofe, sobald er nach Haus käme. Da dachte der König: Das kann ich leicht tun, Hans mein Igel versteht's doch nicht, und ich kann schreiben, was ich will. Da nahm der König Feder und Tinte und schrieb etwas auf, und als es geschehen war, zeigte ihm Hans mein Igel den Weg, und er kam glücklich nach Haus. Seine Tochter aber, wie sie ihn von Weitem sah, war so voll Freuden, dass sie ihm entgegenlief und ihn küsste. Da gedachte er an Hans mein Igel und erzählte ihr, wie es ihm ergangen wäre und dass er einem wunderlichen Tiere hatte verschreiben sollen, was ihm daheim zuerst begegnen würde, und das Tier hätte auf einem Hahn wie auf einem Pferd gesessen und schöne Musik gemacht; er hätte aber geschrieben, es sollt's nicht haben, denn Hans mein Igel könnt es doch nicht lesen. Darüber war die Prinzessin froh und sagte, das wäre gut, denn sie wäre doch nimmermehr hingegangen.

Hans mein Igel aber hütete die Esel und Schweine, war immer lustig, saß auf dem Baum und blies auf seinem Dudelsack. Nun geschah es, dass ein anderer König gefahren kam mit seinen Bedienten und Läufern, und hatte sich verirrt und wusste nicht, wieder nach Hause zu kommen, weil der Wald so groß war. Da hörte er gleichfalls die schöne Musik von Weitem und sprach zu seinem Läufer, was das wohl wäre, er sollte einmal zusehen. Da ging der Läufer hin unter den Baum und sah den Hahn sitzen und Hans mein Igel obendrauf. Der Läufer fragte ihn, was er da oben vorhätte.

„Ich hüte meine Esel und Schweine; aber was ist Euer Begehren?"

Der Läufer sagte, sie hätten sich verirrt und könnten nicht wieder ins Königreich, ob er ihnen den Weg nicht zeigen wollte. Da stieg Hans mein Igel vom Baum herunter und sagte zu dem alten König, er wolle ihm den Weg zeigen, wenn er ihm zu eigen geben wollte, was ihm zu Hause vor seinem königlichen Schlosse als Erstes begegnen würde.

Der König sagte Ja – und unterschrieb dem Hans mein Igel, er sollte es haben. Als das geschehen war, ritt er auf dem Hahn voraus und zeigte ihm den Weg, und so gelangte der König glücklich wieder in sein Reich. Wie er auf den Hof kam, war große Freude darüber. Nun hatte er eine einzige Tochter, die war sehr schön, lief ihm entgegen, fiel ihm um den Hals und küsste ihn und freute sich, dass ihr alter Vater wiederkam. Sie fragte ihn auch, wo er so lange in der Welt gewesen wäre; da erzählte er ihr, er hätte sich verirrt und wäre beinahe gar nicht wiedergekommen, aber als er durch einen großen Wald gefahren wäre, hätte einer, halb wie ein Igel, halb wie ein Mensch, rittlings auf einem Hahn in einem hohen Baum gesessen und schöne Musik gemacht, der hätte ihm fortgeholfen und den Weg gezeigt, er aber hätte ihm dafür versprochen, was ihm am königlichen Hofe zuerst begegnete, und das wäre sie, und das täte ihm nun so leid. Da versprach sie ihm aber, sie wollte gerne mit ihm gehen, wann er käme, ihrem alten Vater zuliebe.

Hans mein Igel aber hütete seine Schweine, und die Schweine bekamen wieder Schweine und wurden so viel, dass der ganze Wald voll war. Da wollte Hans mein Igel nicht länger im Walde leben und ließ seinem Vater sagen, sie sollten alle Ställe im Dorf räumen, denn er käme mit einer so großen Herde, dass jeder schlachten könnte, der nur schlachten wollte. Da war sein Vater betrübt, als er das hörte, denn er dachte, Hans mein Igel wäre schon längst gestorben. Hans mein Igel aber setzte sich auf seinen Hahn, trieb die Schweine vor sich hin ins Dorf und ließ schlachten. Hu! Da ward ein großes Schlachtfest gefeiert.

Danach sagte Hans mein Igel: „Väterchen, lasst mir meinen Hahn noch einmal vor der Schmiede beschlagen, dann reit ich fort und komme mein Lebtag nicht wieder." Da ließ der Vater den Hahn beschlagen und war froh, dass Hans mein Igel nicht wiederkommen wollte.

Hans mein Igel ritt fort in das erste Königreich. Da hatte der König befohlen, wenn einer käme auf einem Hahn geritten und hätte einen Dudelsack bei sich, dann sollten alle auf ihn schießen, hauen und stechen, damit er nicht ins Schloss käme. Als nun Hans mein Igel dahergeritten kam, drangen sie mit Bajonetten auf ihn ein, aber er gab dem Hahn die Sporen, flog auf, über das Tor hin vor des Königs Fenster, ließ sich da nieder und rief ihm zu, er sollt ihm geben, was er versprochen hätte, sonst wollt er ihm und seiner Tochter das Leben nehmen. Da gab der König seiner Tochter gute Worte, sie möchte zu ihm hinausgehen, damit sie ihm und sich das Leben rettete. Da zog sie sich weiß an, und ihr Vater gab ihr einen Wagen mit sechs Pferden und herrliche Bediente, Geld und Gut. Sie setzte sich hinein, und Hans mein Igel mit seinem Hahn und Dudelsack neben sie, dann nahmen sie Abschied und zogen fort, und der König dachte, er kriegte sie nicht wieder zu sehen.

Es ging aber anders, als er dachte, denn als sie ein Stück Weges von der Stadt waren, da zog Hans mein Igel der Königstochter die schönen Kleider aus und stach sie mit seiner Igelhaut, bis sie ganz blutig war, und sagte „Das ist der Lohn für eure Falschheit, geh hin, ich will dich nicht" und jagte sie damit nach Hause, und war sie beschimpft ihr Lebtag.

Hans mein Igel aber ritt weiter auf seinem Hahn und mit seinem Dudelsack nach dem zweiten Königreich, wo er dem König auch den Weg gezeigt hatte. Der aber hatte bestellt, wenn einer käme wie Hans mein Igel, sollten sie das Gewehr präsentieren, ihn frei hereinführen, „Willkommen!" rufen und ihn ins königliche Schloss bringen. Wie ihn nun die Königstochter sah, war sie erschrocken, weil er doch gar zu wunderlich aussah; sie dachte aber, es wäre nicht anders, sie hätte es ihrem Vater versprochen. Da ward Hans mein Igel von ihr willkommen geheißen und mit ihr vermählt, und er musste mit an die königliche Tafel gehen und sie setzte sich zu seiner Seite, und sie aßen und tranken.

Wie's nun Abend war und sie schlafen gehen wollten, da fürchtete sie sich sehr vor seinen Stacheln. Er aber sprach, sie sollte sich nicht fürchten, es geschähe ihr kein Leid, und sagte zu dem alten König, er sollte vier Mann bestellen, die sollten vor der Kammertür wachen und ein großes Feuer anmachen, und wann er in die Kammer ginge und sich ins Bett legen wollte, würde er aus seiner Igelhaut herauskriechen und sie vor dem Bett liegen lassen. Dann sollten die Männer schnell herbeispringen und sie ins Feuer werfen, auch dabeibleiben, bis sie vom Feuer verzehrt wäre. Wie die Glocke nun elf schlug, da ging er in die Kammer, streifte die Igelhaut ab und ließ sie vor dem Bette liegen. Da kamen die Männer, holten sie geschwind und warfen sie ins Feuer, und als sie das Feuer verzehrt hatte, da war er erlöst und lag im Bett als ein normaler Mensch, aber er war kohlschwarz wie verbrannt. Der König schickte nach seinem Arzt, der wusch ihn mit guten Salben und balsamierte ihn, da ward er weiß und war ein schöner junger Herr. Als das die Königstochter sah, war sie froh, und am anderen Morgen standen sie mit Freuden auf, aßen und tranken, und nun wurde die Vermählung erst recht gefeiert, und Hans mein Igel bekam das Königreich vom alten König.

Wie etliche Jahre herum waren, fuhr er mit seiner Gemahlin zu seinem Vater und sagte, er wäre sein Sohn; der Vater aber sprach, er hätte keinen, er hätte nur einen gehabt, der wäre aber wie ein Igel mit Stacheln geboren worden und wäre in die Welt gegangen. Da gab er sich aber zu erkennen und der alte Vater freute sich sehr und ging sodann mit ihm in sein Königreich.

Gleich und doch anders

Die meisten Menschen mit Handicap wünschen sich einen offeneren Umgang mit ihrer Besonderheit, sind respektvollen Fragen gegenüber aufgeschlossen und fordern nur eines: Respekt und die Erhaltung ihrer Würde.

Wo jüngere Kinder durch ihre unschuldige und natürliche Neugier die Eltern noch oftmals in Verlegenheit bringen, zeigen ältere Kinder ohne regelmäßigen Kontakt zu behinderten Menschen meist eher ein anderes Verhalten. Sie weichen verschämt aus, machen flapsige und diskriminierende Bemerkungen oder zeigen eine außerordentliche, fast schon aufdringliche Hilfsbereitschaft. Doch all dies betont die Unterschiede zwischen behinderten und nicht behinderten Menschen. Rücken Sie für Ihr Kind nicht die Behinderung, sondern die Person selbst in den Mittelpunkt und lenken Sie den Blick auf Gemeinsamkeiten, dann können Behinderungen akzeptierend und liebevoll in das Miteinander mit einbezogen werden.

Darum geht es in *Hans mein Igel*

Das Märchen erzählt von der schwierigen und schmerzhaften Entwicklung eines Jungen mit Handicap: Er ist halb Igel und halb Mensch. Seine Eltern fühlen sich hilflos und wissen nicht richtig, wie sie mit ihm umgehen sollen, da er nicht so ist wie andere Kinder. Obwohl er eigentlich ein Wunschkind ist, wird Hans mein Igel zwar mit dem Nötigsten versorgt, doch innerhalb seiner Familie ausgegrenzt. Die Eltern schaffen es nicht, ihm einen liebevollen Platz innerhalb der Familie zu geben, was durch das Verweigern des Stillens deutlich gemacht wird.

Indem Hans mein Igel einen Platz hinter dem Ofen erhält, geben seine Eltern ihm das Beste, das sie ihm unter den gegebenen Umständen geben können.

Kleine Symbolkunde

Der **Ofen** steht im Märchen symbolisch u. a. für familiäre Wärme, Schutz und Geborgenheit. In Märchen, in denen etwas oder jemand im Ofen ist, kann er auch anderes symbolisieren, z. B. Reifung (Teig wird zu Brot) oder Geburt/Neubeginn (etwas ist „fertig"). Hier im Märchen steht er für die ersten Bedeutungen: familiäre Wärme, Schutz und Geborgenheit.

Der Junge hat es durch seine Andersartigkeit schwerer im Leben als andere. Er begreift, dass er sich durchsetzen und seinen Weg finden muss.

Wie mag es sein, eine Igelhaut zu haben? Ganz nah am Körper wohl weich und warm. Doch niemand kann das wahrnehmen, weil Menschen ganz ungewollt von den spitzen Stacheln verletzt werden und nicht zur weichen Haut vordringen können.

Dies ist auch eine häufige Beobachtung und Beschreibung von Betroffenen. „Ich habe mein Kind sehr lieb, aber es verletzt mich so oft durch seine Art und seine Behinderung." Dieses Märchen drückt diese ganze Komplexität aus. Obwohl Nähe gewünscht ist, ist der Zugang oft schwer oder gar unmöglich.

So kommt es, dass Hans mein Igel seine Familie verlässt. Mit im Gepäck hat er einen Gockel, einen Dudelsack und die Schweine und Esel des Vaters. Instinktiv spürt er, dass es Zeit wird, sein Elternhaus zu verlassen, und weiß sogar, was er dafür benötigt. Wieder geben die Eltern ihr Bestes und der Vater ist in der Lage, Hans' Wünsche zu erfüllen. Die Tiere hütet er viele Jahre im Wald, wo er lernt, Verantwortung zu

übernehmen. Für seine Herde, um die er sich kümmern muss und die ihn nimmt, so wie er ist, aber auch für sich selbst und seine Wünsche.

Er hat Zeit und Raum, neben dem Hüten der Herde eine weitere Begabung für sich zu entdecken: das Spielen des Dudelsacks. Die Musik ist seine Art, sich auszudrücken, seine ganz persönliche Sprache.

Diese Zeit des Rückzugs, in der Hans mein Igel sich mit seiner Person und seinem Körper auseinandersetzt, wird zu einer wichtigen Entwicklungszeit für ihn. Selbst zwei verirrten Königen ist er überlegen, indem er ihnen den Weg nach Hause weisen kann. Er hat in dieser Zeit gelernt, sich im Wald und in der Natur zurechtzufinden. Die Natur steht sowohl für seine eigene Natur als individuelles Lebewesen als auch für den Platz, den er im Leben hat und an dem er sich sicher und geborgen fühlen kann. Er hat mit seinem Handicap seinen eigenen Weg gefunden und kann sich selbst so annehmen, wie er ist.

Mit neu erlangtem Selbstbewusstsein fordert Hans für diese Hilfe eine Gegenleistung: Jeder

Kleine Symbolkunde

Das **Hüten von Tieren** wird im Märchen allgemein mit einer Innenschau und innerer Einkehr verbunden. Hirten leben viele Tage allein mit ihren Tieren und haben viel Zeit, über ihr Leben nachzudenken und sich selbst zu spüren. Tiere bedeuten im Märchen Triebe und Triebhaftes. So bedeutet das Hüten der Tiere, dass Hans lernt, ein Gespür für seine inneren Triebe, Wünsche und Bedürfnisse zu entwickeln und mit ihnen zurechtzukommen.

Der **Dudelsack** ist ein Instrument, das nur durch Atemluft gefüllt wird und eine hohe Kunstfertigkeit braucht, um richtig gespielt zu werden. Indem Hans ihn zu spielen lernt, wird verdeutlicht, dass er seinen inneren Vorgängen Luft verschafft und sie zum Ausdruck bringt.

der Könige soll ihm versprechen, was ihm daheim als Erstes begegnet. In beiden Fällen ist es die Königstochter, doch der erste König nimmt Hans nicht ernst und versucht ihn zu betrügen und töten zu lassen. Aber Hans mein Igel hat ein Bewusstsein für seine Persönlichkeit entwickelt und nutzt seine Andersartigkeit, um die Tochter des Betrügers zu bestrafen. Der zweite König jedoch steht zu seinem Wort und gibt Hans seine Tochter zur Frau.

Hier ist ein nächster Entwicklungsschritt angedeutet. Hans ist weiter gereift und nun sogar offen für eine Beziehung zu einem Menschen. Die Tierwelt mit ihren Instinkten kann er verlassen.

Die Prinzessin nimmt Hans' Andersartigkeit wahr und ist zunächst verunsichert, wie sie damit umgehen soll. Doch sie will zu ihm und damit auch zu sich selbst stehen. Hans mein Igel findet einen ebenbürtigen Platz an ihrer Seite. Hier fühlt Hans sich willkommen und geliebt als der, der er ist. Seine Andersartigkeit steht nicht mehr trennend und demütigend im Mittelpunkt, sondern wird liebevoll akzeptiert. So ist es ihm schließlich auch möglich, sich von der Igelhaut zu befreien. Er traut sich, sich ganz als Mensch zu zeigen, ohne den Schutz

der stacheligen Igelhaut. Sogar sein Vater kann nun glücklich mit ihm leben.

Natürlich kann sich niemand wirklich von den Einschränkungen, die ihm seine Behinderung auferlegt, befreien, nur weil er so geliebt und akzeptiert wird, wie er ist.

Doch wenn die Behinderung nicht mehr im Mittelpunkt steht, sondern stattdessen der Mensch selbst, gibt es mehr Möglichkeiten für den Betroffenen und sein soziales Umfeld, das gemeinsame Miteinander zu gestalten.

Fragen an Kinder zum Märchen:

* Wen kennst du mit einem Handicap?
* Was kann derjenige besonders schlecht/besonders gut?
* Muss man Menschen mit Handicap immer gerne mögen?
* Wie ist es wohl, so einsam hinterm Ofen zu leben?
* Wie würde es dir im Wald gehen?
* Was spielst du gerne für Musik?
* Wie stellst du dir die Igelhaut vor?

Übungen & Spiele

Die beste Übung, um sich in Menschen mit Handicap einfühlen zu können, ist, sich selbst in einem Spiel als behindert zu erleben. Wie ist es wohl, nicht sehen, nicht hören, nicht gehen zu können und die Welt eingeschränkt und anders zu erleben?

Toleranz, Akzeptanz und Respekt sind Werte, die spielerisch gestärkt und ins alltägliche Leben integriert werden können.

Blindes Vertrauen

Die Beschreibung der Übung finden Sie im Kapitel *Versprechen und Vertrauen* auf Seite 164 ff.

Neue Perspektive

Wenn Sie Gelegenheit dazu haben, lassen Sie Ihr Kind mindestens eine halbe Stunde bis Stunde die Welt und den Alltag in einem Rollstuhl wahrnehmen. Gehen Sie mit dem Kind im Rollstuhl spazieren oder einkaufen und lassen Sie es bewusst erleben, wie es ist, neugierig, interessiert oder mitleidig angeschaut oder aber nicht beachtet zu werden und welchen Hindernissen Rollstuhlfahrer ausgesetzt sind, selbst wenn sie geschoben werden. Was würde Ihr Kind von den Leuten für eine Realtion wünschen? Achten Sie auch auf Ihre Gefühle in der ungewohnten Rolle. Eine veränderte Perspektive bietet fast immer neue und erstaunliche Erkenntnisse und Erfahrungen.

Alternativen zur Erfahrung im Rollstuhl sind z. B. auch:

Sehbehinderungsbrillen, verbundene Augen, Ohropax, dem Kind Kissen umbinden und einen Riesenpulli darüberziehen oder den Fuß in einen mit zerknülltem Papier ausgestopften Müllsack stellen und um den Knöchel mit Klebeband zukleben. So kann Ihr Kind erleben, wie es ist, sehbehindert, taub oder stark übergewichtig zu sein oder aber eine einschränkende Gehbehinderung zu haben.

Eine Geburtstagsfeier kann ein schöner Anlass sein, bekannte Gruppenspiele, wie z. B. die „Reise nach Jerusalem", mit diversen Handicaps zu spielen. Neben einem Bauchmuskelkater vom vielen Gelächter und ein paar harmlosen blauen Flecken wird die Kinder ganz sicher auch Nachdenklichkeit mit nach Hause begleiten, vor allem, wenn Sie nach dem Spiel etwas Zeit in den Austausch der einzelnen Erfahrungen investieren.

Auch in Kindergärten oder Schulen bieten sich solche Spiele an, wenn Themen wie Behinderung behandelt werden oder durch ein behindertes Kind vielleicht sogar ein konkreter Anlass gegeben ist.

Fleiß, Faulheit und Geduld

„Ohne Fleiß kein Preis" und „Müßiggang ist aller Laster Anfang": Kaum ein Thema kann so viel Druck aufbauen wie die richtige Balance zwischen Fleiß und Faulheit. Gilt Fleiß doch als „goldene Tugend" und Faulheit als dunkles Stigma in unserer europäischen Gesellschaft …

Frau Holle

Eine Witwe hatte zwei Töchter, davon war die eine schön und fleißig, die andere hässlich und faul. Sie hatte aber die hässliche und faule, weil sie ihre richtige Tochter war, viel lieber, und die andere musste alle Arbeit tun und der Aschenputtel[1] im Hause sein. Das arme Mädchen musste sich täglich auf die große Straße bei einem Brunnen setzen und so viel spinnen, dass ihm das Blut aus den Fingern sprang. Nun trug es sich zu, dass die Spule einmal ganz blutig war, da bückte es sich damit in den Brunnen und wollte sie abwaschen; sie sprang ihm aber aus der Hand und fiel hinab. Es weinte, lief zur Stiefmutter und erzählte ihr das Unglück. Sie schalt es aber so heftig und war so unbarmherzig, dass sie sprach: „Hast du die Spule hinunterfallen lassen, so hol sie auch wieder herauf."

Da ging das Mädchen zu dem Brunnen zurück und wusste nicht, was es anfangen sollte, und in seiner Herzensangst sprang es in den Brunnen hinein, um die Spule zu holen. Es verlor die Besinnung, und als es erwachte und wieder zu sich kam, war es auf einer schönen Wiese, wo die Sonne schien und viele Tausend Blumen standen.

Auf dieser Wiese ging es fort und kam zu einem Backofen, der war voller Brot; das Brot aber rief: „Ach, zieh mich heraus, zieh mich heraus, sonst verbrenn ich. Ich bin schon längst ausgebacken." Da trat es herzu und holte mit dem Brotschieber alle nacheinander heraus.

Danach ging es weiter und kam zu einem Baum, der hing voller Äpfel, und rief ihm zu: „Ach, schüttel mich, schüttel mich, die Äpfel sind alle miteinander reif." Da schüttelte es den Baum, dass die Äpfel fielen, als regneten sie, und schüttelte, bis keiner mehr oben war; und als es alle auf einen Haufen zusammengelegt hatte, ging es wieder weiter.

Endlich kam es zu einem kleinen Haus, daraus guckte eine alte Frau, weil sie aber so große Zähne hatte, ward dem Mädchen angst, und es wollte fortlaufen. Die alte Frau aber rief ihm nach: „Was fürchtest du dich, liebes Kind? Bleib bei mir, wenn du alle Arbeit im Hause ordentlich tun willst, so soll's dir gut gehen. Du musst nur achtgeben, dass du mein Bett gut machst und es fleißig aufschüttelst, dass die Federn fliegen, dann schneit es in der Welt; ich bin die Frau Holle."

---

1 Bezeichnung für ein ungeliebtes Stiefkind oder (abwertend) eine graue Maus

Weil die Alte ihm so gut zusprach, so fasste sich das Mädchen ein Herz, willigte ein und begab sich in ihren Dienst. Es tat auch alles zu ihrer Zufriedenheit und schüttelte ihr das Bett immer gewaltig auf, sodass die Federn wie Schneeflocken umherflogen. Dafür hatte es auch ein gut Leben bei Frau Holle, die kein böses Wort sagte und ihr alle Tage Gesottenes und Gebratenes zu essen gab.

Nun war es eine Zeit lang bei Frau Holle, da ward es traurig und wusste anfangs selbst nicht, was ihm fehlte. Endlich merkte es, dass es Heimweh hatte; obgleich es ihm hier vieltausendmal besser ging als zu Hause, so hatte es doch ein Verlangen danach. Endlich sagte es zu ihr: „Ich habe Heimweh, und wenn es mir auch noch so gut hier unten geht, so kann ich doch nicht länger bleiben, ich muss wieder hinauf zu den Meinigen." Frau Holle sagte: „Es gefällt mir, dass du wieder nach Hause willst, und weil du mir so treu gedient hast, so will ich dich selbst wieder hinaufbringen." Sie nahm es daraufhin bei der Hand und führte es vor ein großes Tor. Das Tor ward aufgetan, und wie das Mädchen gerade darunter stand, fiel ein gewaltiger Goldregen, und alles Gold blieb an ihm hängen, sodass es über und über davon bedeckt war. „Das sollst du haben, weil du so fleißig gewesen bist", sprach Frau Holle und gab ihm auch die Spule wieder, die ihm in den Brunnen gefallen war. Darauf ward das Tor verschlossen und das Mädchen befand sich oben auf der Welt, nicht weit von seiner Mutter Haus; und als es in den Hof kam, saß der Hahn auf dem Brunnen und rief:

„Kikeriki,
unsere goldene Jungfrau ist wieder hier."

Da ging es hinein zu seiner Mutter, und weil es so mit Gold bedeckt ankam, ward es von ihr und der Schwester gut aufgenommen.

Das Mädchen erzählte alles, was ihm begegnet war, und als die Mutter hörte, wie es zu dem großen Reichtum gekommen war, wollte sie der andern, hässlichen und faulen Tochter gerne dasselbe Glück verschaffen. Sie musste sich an den Brunnen setzen und spinnen; und damit ihre Spule blutig ward, stach sie sich in die Finger und legte die Hand in die Dornenhecke. Dann warf sie die Spule in den Brunnen und sprang selbst hinein.

Sie kam, wie die andere, auf die schöne Wiese und ging auf demselben Pfade weiter. Als sie zu dem Backofen gelangte, schrie das Brot wieder: „Ach, zieh mich heraus, zieh mich heraus, sonst verbrenne ich, ich bin schon längst fertig gebacken." Die Faule aber antwortete: „Da hätt ich Lust, mich schmutzig zu machen", und ging fort. Bald kam sie zu dem Apfelbaum, der rief: „Ach, schüttel mich, schüttel mich, die Äpfel sind alle miteinander reif." Sie antwortete aber: „Du kommst mir recht, es könnte mir einer auf den Kopf fallen", und ging weiter. Als sie vor der Frau Holle Haus kam, fürchtete sie sich nicht, weil sie von ihren großen Zähnen schon gehört hatte, und verdingte sich gleich bei ihr. Am ersten Tag riss sie sich zusammen und war fleißig und folgte der Frau Holle, wenn sie ihr etwas sagte, denn sie dachte an das viele Gold, das sie ihr schenken würde; am zweiten Tag aber fing sie schon an zu faulenzen, am dritten noch mehr, da wollte sie morgens gar nicht aufstehen. Sie machte auch Frau Holle das Bett nicht, wie sich's gebührte, und schüttelte es nicht, dass die Federn flogen. Das ward Frau Holle bald müde und sagte ihr den Dienst auf. Die Faule war damit zufrieden und meinte, nun würde der Goldregen kommen; Frau Holle führte sie auch zu dem Tor, als sie aber darunter stand, ward statt des Goldes ein großer Kessel voll Pech ausgeschüttet. „Das ist zur Belohnung deiner Dienste", sagte Frau Holle und schloss das Tor zu. Da kam die Faule heim, aber sie war ganz mit Pech bedeckt, und der Hahn auf dem Brunnen, als er sie sah, rief:

> „Kikeriki,
> unsere schmutzige Jungfrau ist wieder hier."

Das Pech aber blieb fest an ihr hängen und wollte, so lange sie lebte, nicht abgehen.

„Langes Fädchen, faules Mädchen"

*H*aben Sie diesen Spruch früher im Handarbeitsunterricht oder von Ihrer Oma gehört? Was heißt es eigentlich, faul zu sein?

Kinder hören oft, dass sie zu faul zum Lernen oder zum Zimmeraufräumen seien. Doch ist das immer so richtig? Schmal ist die Grenze zwischen Faulheit und notwendiger Entspannung. Daher sollten Sie, bevor Sie Ihr Kind in Ihrem oft verständlichen Ärger „faul" nennen und mit Strafe drohen, ein paar Dinge abklären.

So erkennen Sie die Grenze zwischen Faulheit und Entspannung:

* Hat Ihr Kind eine andere Auffassung von der Art, wie Dinge erledigt werden sollten? Wenn Menschen mit einem ausgeprägten Ordnungssinn auf Menschen treffen, die problemlos „fünfe gerade sein lassen können", führt das leicht zu Spannungen.

* Ist Ihr Kind den Anforderungen nicht gewachsen, weil es seine Kraft für andere Bereiche benötigt, z. B. in der Schule, im Sport etc.? Dann ist diese offensichtliche Faulheit vielleicht nur eine (unbewusste) notwendige Pause. (Siehe auch Thema *Leistungsdruck* auf Seite 56 ff.)

* Stellen Sie die Faulheit selbst fest? Falls Ihnen dieses Verhalten nur zugetragen wird, sollten Sie überprüfen, ob dort die Anforderungen möglicherweise überzogen sind oder Ihr Kind die Erwartungen aus einem bestimmten Grund nicht erfüllen möchte.

* Ist die vermeintliche Faulheit vielleicht ein Ausdruck von seelischen Belastungen, z. B. Streit innerhalb der Familie oder Verluste, die erst einmal eine Zeit des Trauerns und „Erstarrens" mit sich bringen? (Siehe auch Kapitel *Trauer* auf Seite 176 ff.)

* Meist ist Faulheit eine Art „innerer Protest" gegen etwas, dem Sie möglichst verständnisvoll auf den Grund gehen sollten.

* Seltener kommt es auch vor, dass Kinder äußern, einfach „immer müde" zu sein. In diesem Fall sollten Sie medizinischen Rat einholen. Hinter solcher Dauermüdigkeit kann eine Vielzahl von Gründen stecken.

Liegt der Grund schlicht und ergreifend in der Tatsache, dass Ihr Kind einfach keine Lust hat, Notwendiges zu erledigen, kann Ihnen das Märchen *Frau Holle* (siehe Seite 154 ff.) helfen, mit dem Kind über das Thema Faulheit zwanglos ins Gespräch zu kommen, um ein Überdenken des eigenen Verhaltens zu bewirken.

Denn obwohl vieles ja gar nicht so unbedingt sofort zu erledigen ist, wie wir oft annehmen, gilt es trotzdem, ein grundlegendes Gespür für den richtigen Zeitpunkt zu entwickeln, an dem man aktiv werden sollte. Andernfalls könnte das Leben uns bestrafen wie die Pechmarie im Märchen der Frau Holle.

Thema: Geduld

Manchmal rinnt das Leben wie Sand durch unsere Finger, manchmal aber auch wie Sand durch die Sanduhr: Körnlein um Körnlein. Die Geduld wird herausgefordert.

Unsere schnelllebige Gesellschaft macht es uns oft nicht leicht, innezuhalten und mit allen Sinnen den „richtigen Zeitpunkt" zu erkennen.

Alles im Leben hat seine Zeit

In unserer heutigen hektischen Zeit und Leistungsgesellschaft bleiben die Geduld und das Gefühl für den „richtigen Zeitpunkt" oft auf der Strecke. Wir sind es gewohnt, alles sofort zu erhalten und vieles unseren Bedürfnissen und Ansprüchen zu unterwerfen. Wir essen zu jeder Jahreszeit Tomaten, Ware wird in 24 Stunden geliefert und die E-Mail ersetzt den Brief durch einen einzigen Mausklick.

Doch „alles im Leben hat seine Zeit", heißt es in einem Märchenmusical und auch die Bibel erzählt schon davon. Wichtiger als ungeduldig das Weltgeschehen antreiben zu wollen ist es, den Moment zu leben und den Zeitpunkt für Veränderungen zu erkennen. Geduldig zu warten und im richtigen Augenblick aktiv zu werden, ist eine Kunst, die schon Kinder lernen können.

Wie kann ich mein Kind unterstützen?

Achtung, gemeine Frage: Wie steht es denn mit Ihrer eigenen Geduld? Vielleicht möchten Sie ja mit Ihrem Kind gemeinsam Ihre Geduldsfäden verlängern – als größtes Vorbild werden Sie von Ihrem Kind nämlich genauestens beobachtet und wahrgenommen.

Doch das ist leichter gesagt als getan. Was kann Ihnen und Ihrem Kind helfen, Geduld zu entwickeln?

Wahrnehmen

Machen Sie sich Ihre Ungeduld bewusst. Wann ist sie da, wie fühlt sie sich an? Und was hilft alles, um sie in ihre Schranken zu weisen? Fertigen Sie eine Liste mit erfolgreichen Gegenstrategien an. Diese

„Ressourcenliste" hilft Ihnen, Ihre Fähigkeiten immer vor Augen zu haben.

Weiterhelfen kann auch die Frage, wozu die Wartezeit gut sein könnte. Haben Sie dadurch endlich einmal Zeit für sich oder ein Buch, das Sie schon lange einmal lesen wollten? Geben Sie der Situation einen neuen Rahmen, indem Sie sie von der anderen Seite aus betrachten, als die Ungeduld das tun würde.

Rituale …

… geben Struktur und senden Signale, die auf kommende Situationen einstimmen.

Viele Erwachsene wissen, dass Rituale für kleine Kinder sehr wichtig sind. Ohne Zeitgefühl sind sie das Einzige, woran sich für die Kleinsten Tag und Nacht festmachen lassen. Deswegen ist Ihr Kind besonders glücklich, wenn Sie ihm feste und verlässliche Rituale bieten, etwa das Vorlesen vor dem Schlafen. Wenn das quengelnde Kind es kaum erwarten kann, bis das Essen zubereitet ist, hilft es oft, das Kind beim Zubereiten zusehen zu lassen und jeden Schritt zu kommentieren: „Jetzt schäle ich die Karotte, gleich schneide ich sie und dann kommt sie in den Topf mit Wasser … Jetzt püriere ich die weichen Karotten und … So, jetzt ist das Essen fertig!" Spätestens beim dritten Mal hat Ihr Kind den Ablauf verstanden und kann schon ganz gut abschätzen, wie lange es noch warten muss. Das hilft oftmals dabei, etwas mehr Geduld aufzubringen, weil die einzelnen Schritte bis zum Ziel sichtbar geworden sind und die Wartezeit als kurzweiliger empfunden wird.

Doch auch ältere Kinder und Erwachsene profitieren deutlich von Ritualen:

Sie stimmen nämlich nicht nur den Kopf, sondern den ganzen Körper auf das ein, was als Nächstes folgt. Übungen wie zuvor bei der Essenszubereitung beschrieben haben auch etwas mit dem achtsamen Erleben des Momentes zu tun, mit dem Verweilen im Hier und Jetzt. Ungeduld entsteht meist, indem der Kopf schon einen großen Schritt weiter ist, als der Körper sein kann. Wenn die Gedanken schon in der Zukunft weilen und die Stunden bis dahin nur erwartet werden müssen, ist der Frust ungleich größer, als wenn jede Stunde bis zum Ereignis bewusst erlebt und in der Vorfreude genossen wird.

Probieren Sie die Wirkung von Ritualen aus. Genießen Sie z. B., falls Sie abends schlecht abschalten und nur schwer in den Schlaf finden, jeden Abend vor dem Zubettgehen Ihren Lieblingstee, lassen den Tag Revue passieren und überlegen, was es heute Schönes gab. Danach schalten Sie das Licht aus und legen sich

schlafen. Schon nach kurzer Zeit wird Ihr Körper das Ritual „Lieblingstee + schönes Tageserlebnis + Lichtausmachen" als Signal sehen und Sie finden leichter und schneller in den Schlaf. Das funktioniert auch mit vielen anderen Situationen und natürlich auch Ihren ganz individuellen Ritualen.

Viele denken nicht mehr bewusst daran, aber der Adventskalender hat eine Bedeutung, die mit Geduld und Ritual zusammenhängt. Er soll Kindern helfen, die Tage bis Heiligabend zählen zu können und jeden Tag Wartezeit durch Öffnen eines Türchens zu versüßen. Vielleicht erfinden Sie ja auch Kalender, die zu gegebener Zeit auf den Geburtstag Ihres Kindes einstimmen oder die Einschulung, das sehnlichst erwartete Konzert …

Entspannung …

… hilft ungemein, den Moment des Hier und Jetzt zu erleben und die Hetze und Ungeduld des Tages einzustellen. Körper und Geist erhalten Raum, sich Erholung zu gönnen. Dabei will Entspannung jedoch gelernt und eingeübt werden, damit sie ihre Wirkung voll und ganz entfalten kann. Probieren Sie doch einfach mal aus, was zu Ihnen und Ihrem Kind passen könnte! Hier ist eine kleine Auswahl an Möglichkeiten:

* Atemübungen
* Muskelentspannungsübungen
* Fantasie- oder Imaginationsreisen
* Yoga, Pilates, Feldenkrais
* kreative Auszeiten

Allgemeine Tipps

Muten Sie Ihrem Kind schon früh zu, auch einmal Langeweile auszuhalten. Wer gewöhnt ist, dass einfach mal eine Weile lang „nichts" passiert, entwickelt Geduld, auf das nächste Ereignis zu warten. Wer

eine Weile lang nicht „im Außen" unterwegs ist, hat Möglichkeit, nach innen zu hören und sich selbst wahrzunehmen.

Zudem lernt Ihr Kind so, sich selbst zu beschäftigen und kreativ zu werden. Wenn Wartezeit auch allein sinnvoll überbrückt werden kann, kommt einem die Zeit nicht mehr so lang vor.

Für Wartezeiten, mit denen Sie bereits im Vorfeld rechnen können, empfiehlt es sich, einfach ein kleines Repertoire an gemeinsamen Spielen zur Verfügung zu haben. Viele Spiele sind genauso einfach, wie sie alt sind, und brauchen noch nicht einmal Batterien:

* „Ich sehe was, das du nicht siehst"
* „Ich packe meinen Koffer"
* Kettenwortspiele
* Scharade
* eine Person oder einen Gegenstand auswählen und eine wilde Fantasiegeschichte darum herum erfinden
* Märchen erzählen

Flummi, Hüpfband oder ein Quartett in der Tasche nehmen nicht viel Platz weg und bringen einen schon mal über eine halbe Stunde die Geduld strapazierender Wartezeit.

Familienabende mit Brett- und Würfelspielen schulen ebenfalls schon früh die Geduld: Wenn ein Mitspieler am Zug ist, muss der andere warten. Vielleicht muss man sogar aufmerksam sein, was als Nächstes passiert und den anderen beobachten. Neben Teamgeist und Respekt füreinander entwickelt sich auf diese Weise unter Umständen auch taktisches Verständnis, indem das Gesehene für sich genutzt werden kann.

Darum geht es in
Frau Holle

W ie kommen Goldmarie und Pechmarie eigentlich zu ihren Namen?

Zuerst ist von zwei Mädchen die Rede, Stiefschwestern, die ungleicher nicht sein könnten.
Die eine fleißig und schön, die andere hässlich
und faul.

Als das brave Mädchen in das Reich der Frau
Holle gelangt, wird sie vor allerlei Aufgaben
gestellt, die sie zu bewältigen hat: Das Brot ist
fertig gebacken und möchte aus dem Ofen geholt werden, die reifen Äpfel sollen vom Baum
geschüttelt werden, sie soll der Frau Holle gehorchen und zur Hand gehen. Alle Aufgaben
meistert sie bravourös und zur Zufriedenheit
der Alten. Am Ende ihrer Zeit bei Frau Holle
wird Goldmarie für ihren Fleiß reich belohnt.

Ganz anders ergeht es da der faulen Schwester,
die zwar versucht, auf dem gleichen Weg wie
die Schwester zu Gold zu kommen, das nicht
nur für materiellen Reichtum steht, sondern

auch für Anerkennung und Reife. Doch sie
verpasst aus Eigensinn und Lustlosigkeit jedes
Mal den rechten Zeitpunkt, sodass das Brot
verbrennen muss und die Äpfel am Baum faulen. Ein wenig Arbeit und Aufmerksamkeit im
richtigen Augenblick hätte trotz ihres beque-
men Charakters sicherlich auch zu Belohnung
geführt. Doch sie kann das Notwendige nicht
(ein-)sehen. So bleibt an dem Mädchen am
Ende nur Pech haften, das sie auch äußerlich
als faul kennzeichnet. Sie muss nun lernen,
mit diesem Pech zu leben, das sie als sichtba-
ren Makel ein Leben lang begleitet.

Auf der anderen Seite …

… lebt Pechmarie auch eine Seite, die „gesund"
und heimlich beneidenswert ist: Ganz gleich,
was andere von ihr fordern, geht sie ihren eigenen Weg. Sie traut sich, faul zu sein, obwohl das
unerwünscht ist. Sie spricht es auch im Märchen aus: „Da hätt' ich Lust, mich schmutzig zu

---

Kleine Symbolkunde

Schön und **Hässlich** begegnen sich im
Märchen oft und beziehen sich meist nicht
nur auf das Äußere. Hier bedeutet es, dass
die eine fleißig und brav, gehorsam und angepasst ist, die andere jedoch faul, eigen-
sinnig und auf die eigene Bequemlichkeit
bedacht.

machen" und „Mir könnte ein Apfel auf den Kopf fallen". Dies zeigt auch, dass sie auf sich achtet und sich in den Mittelpunkt stellt.

Geduld …

… ist ein weiteres Thema in diesem Märchen. Goldmarie dient geduldig und wird für all dies reich belohnt. Ihre faule Schwester zeigt jedoch, was geschieht, wenn wir ungeduldig einem Ziel hinterherhetzen und das Wesentliche aus den Augen verlieren. Die Früchte des Lebens verfaulen unbeachtet wie die Äpfel am Baum, das Erfüllende im Leben, das wie das Brot satt und zufrieden macht, verbrennt und wird ungenießbar. Am Ende bleibt die Erfahrung, viele Chancen verpasst zu haben.

Fragen an Kinder zum Märchen:

★ Ist es gerecht, dass Goldmarie belohnt und Pechmarie bestraft wird?

★ Was passiert bei Pechmarie mit dem Brot im Ofen und den Äpfeln am Baum?

★ Was hättest du an der Stelle von Goldmarie/Pechmarie gemacht?

★ Woran kannst du merken, dass etwas wichtig und notwendig ist?

★ Wie geht es wohl Pechmarie mit all dem Pech an sich?

★ Wie kann Pechmarie das Pech vielleicht doch wieder loswerden?

Übungen & Spiele

Schokolinsen sortieren

Geben Sie rote Linsen oder Reis und Schokolinsen in eine Schale. Lassen Sie Ihr Kind die Schokolinsen heraussortieren. Natürlich darf auch die eine oder andere Schokolinse in den Mund wandern …

„Hokuspokus, aufgeräumt!"

Lassen Sie Ihr Kind in die Rolle eines Zauberers schlüpfen:

Legen Sie 15 bis 20 Alltagsgegenstände oder Spielsachen auf den Fußboden oder nutzen die vorhandene Unordnung im Kinderzimmer.

In dieser praktischen Übung räumt immer ein Kind oder ein Erwachsener einen Gegenstand weg und legt ihn an seinen richtigen Platz im Zimmer zurück. Derjenige, der raten muss, hält sich die Augen zu, sollte sich zuvor jedoch seine Umgebung genau ansehen: Was fehlt?

Das ist übrigens eine hervorragende Beschäftigung für Geschwister! Um das Spiel zu erweitern, können Sie Ihre Kinder ermuntern, sich einen Zauberstab, Hut oder Umhang zu basteln oder aus der Verkleidungskiste zu holen.

Versprechen und Vertrauen

„Versprochen ist versprochen und wird nicht gebrochen." Wenn wir ein Versprechen geben, bitten wir um Vertrauen und setzen unsere Ehre aufs Spiel – ganz klar, dass wir weder enttäuschen noch als unzuverlässig dastehen wollen ... oder? Wie viel ist ein Versprechen wert?

Der Froschkönig oder der eiserne Heinrich

*J*n den alten Zeiten, wo das Wünschen noch geholfen hat, lebte ein König, dessen Töchter waren alle schön, aber die jüngste war so schön, dass die Sonne selbst, die doch so vieles gesehen hatte, sich wunderte, sooft sie ihr ins Gesicht schien. Nahe bei dem Schloss des Königs lag ein großer dunkler Wald und in dem Walde unter einer alten Linde war ein Brunnen. Wenn nun der Tag recht heiß war, so ging das Königskind hinaus in den Wald und setzte sich an den Rand des kühlen Brunnens. Und wenn sie Langeweile hatte, so nahm sie eine goldene Kugel, warf sie in die Höhe und fing sie wieder auf; und das war ihr liebstes Spielzeug.

Nun trug es sich einmal zu, dass die goldene Kugel der Königstochter nicht in ihr Händchen fiel, das sie in die Höhe gehalten hatte, sondern auf die Erde schlug und ins Wasser hineinrollte. Die Königstochter folgte ihr mit den Augen, aber die Kugel verschwand, und der Brunnen war tief, so tief, dass sie keinen Grund sah. Da fing die Königstochter an zu weinen und weinte immer lauter und konnte sich gar nicht trösten. Und wie sie so klagte, rief ihr jemand zu: „Was hast du vor, Königstochter, du schreist ja, dass sich ein Stein erbarmen möchte." Sie sah sich um, woher die Stimme käme, da erblickte sie einen Frosch, der seinen dicken, hässlichen Kopf aus dem Wasser streckte.

„Ach, du bist's, alter Wasserpatscher", sagte sie, „ich weine über meine goldene Kugel, die mir in den Brunnen gefallen ist."

„Sei still und weine nicht", antwortete der Frosch. „Ich kann dir wohl helfen, aber was gibst du mir, wenn ich deine Kugel wieder heraufhole?"

„Was du haben willst, lieber Frosch", sagte sie, „meine Kleider, meine Perlen und Edelsteine, auch noch die goldene Krone, die ich trage."

Der Frosch antwortete: „Deine Kleider, deine Perlen und Edelsteine und deine goldene Krone, die mag ich nicht. Aber wenn du mich lieb haben willst und ich darf dein Freund und Spielkamerad sein, an deinem Tischlein neben dir sitzen, von deinem goldenen Tellerlein essen, aus deinem Becherlein trinken, in deinem Bettlein schlafen – wenn du mir das versprichst, so will ich hinuntersteigen und dir die goldene Kugel wieder heraufholen."

„Ach ja", sagte sie, „ich verspreche dir alles, was du willst, wenn du mir nur die Kugel wieder-bringst."

Sie dachte aber: „Was der einfältige Frosch schwätzt, der sitzt im Wasser bei seinesgleichen und quakt und kann keines Menschen Freund sein."

Der Frosch, als er die Zusage erhalten hatte, tauchte unter, sank hinab und nach einem Weilchen kam er wieder herauf, hatte die Kugel im Maul und warf sie ins Gras. Die Königstochter war voll Freude, als sie ihr schönes Spiel-zeug wieder erblickte, hob es auf und sprang damit fort. „Warte, warte", rief der Frosch, „nimm mich mit, ich kann nicht so schnell laufen wie du." Aber was half es ihm, dass er ihr sein „Quak, quak" so laut nachschrie, wie er konnte? Sie hörte nicht darauf, eilte nach Hause und hatte den armen Frosch bald vergessen, der wieder in seinen Brunnen hinabsteigen musste.

Am andern Tage, als sie sich mit dem König und allen Hofleuten zur Tafel gesetzt hatte und von ihrem goldenen Tellerlein aß, da kam, „plitsch platsch, plitsch platsch", etwas die Marmortreppe heraufgesprungen, und als es oben angelangt war, klopfte es an der Tür und rief: „Königstochter, jüngste, mach mir auf."

Sie lief zur Tür und wollte sehen, wer draußen wäre, als sie aber aufmachte, so saß der Frosch davor. Da warf sie die Tür hastig zu, setzte sich wieder an den Tisch, und ihr war ganz angst und bang.

Der König sah wohl, dass ihr das Herz gewaltig klopfte, und sprach: „Mein Kind, was fürchtest du dich, steht etwa ein Riese vor der Tür und will dich holen?"

„Ach, nein", antwortete sie, „es ist kein Riese, sondern ein garstiger Frosch."

„Was will der Frosch von dir?"

„Ach, lieber Vater, als ich gestern im Wald bei dem Brunnen saß und spielte, da fiel meine goldene Kugel ins Wasser. Und weil ich so weinte, hat sie der Frosch wieder heraufgeholt, und weil er es so verlangte, so versprach ich ihm, er sollte mein Freund werden, ich dachte aber nimmermehr, dass er aus seinem Wasser herauskönnte. Nun sitzt er draußen und will zu mir herein."

Indes klopfte es zum zweiten Mal und der Frosch rief:

„Königstochter, jüngste,
mach mir auf,
weißt du nicht, was gestern
du zu mir gesagt
bei dem kühlen Brunnenwasser?
Königstochter, jüngste,
mach mir auf."

Da sagte der König: „Was du versprochen hast, das musst du auch halten; geh nur und mach ihm auf."

Sie ging und öffnete die Türe, da hüpfte der Frosch herein, ihr immer auf dem Fuße nach, bis zu ihrem Stuhl. Da saß er und rief: „Heb mich herauf zu dir."

Sie zauderte, bis es ihr der König befahl. Als der Frosch erst auf dem Stuhl war, wollte er auf den Tisch, und als er da saß, sprach er: „Nun schieb mir dein goldenes Tellerlein näher, damit wir zusammen essen."

Das tat sie zwar, aber man sah wohl, dass sie es nicht gerne tat. Der Frosch ließ sich's gut schmecken, aber ihr blieb fast jeder Bissen im Halse stecken. Endlich sprach er: „Ich habe mich satt gegessen und bin müde, nun trag mich hinauf in dein Kämmerlein und mach dein seiden Bettlein zurecht, da wollen wir uns schlafen legen."

Die Königstochter fing an zu weinen und fürchtete sich vor dem kalten Frosch, den sie sich nicht anzurühren getraute und der nun in ihrem schönen, reinen Bettlein schlafen wollte. Der König aber ward zornig und sprach: „Wer dir geholfen hat, als du in der Not warst, den sollst du jetzt nicht verachten."

Da packte sie ihn mit zwei Fingern, trug ihn hinauf und setzte ihn in eine Ecke. Als sie aber im Bett lag, kam er gekrochen und sprach: „Ich bin müde, ich will schlafen, so gut wie du, heb mich herauf, oder ich sag's deinem Vater."
Da ward sie erst bitterböse, holte ihn herauf und warf ihn aus allen Kräften gegen die Wand. „Nun wirst du Ruhe haben, du garstiger Frosch."

Als er aber herabfiel, war er kein Frosch, sondern ein Königssohn mit schönen und freund-lichen Augen. Dieser war nun nach ihres Vaters Willen ihr lieber Freund und Gemahl. Da erzählte er ihr, er wäre von einer bösen Hexe verwünscht worden, und niemand hätte ihn von seinem Fluch erlösen können als sie allein, und morgen wollten sie zusammen in sein Reich gehen.

Dann schliefen sie ein und am andern Morgen, als die Sonne sie aufweckte, kam ein Wagen herangefahren, mit acht weißen Pferden bespannt, die hatten weiße Straußenfedern auf dem Kopf und gingen in goldenen Ketten und hinten stand der Diener des jungen Königs, das war der treue Heinrich.

Der treue Heinrich hatte sich so betrübt, als sein Herr in einen Frosch verwandelt worden war, dass er drei eiserne Bande hatte um sein Herz legen lassen, damit es ihm nicht vor Weh und Traurigkeit zerspränge. Der Wagen aber sollte den jungen König in sein Reich bringen. Der treue Heinrich hob beide hinein, stellte sich wieder hinten auf den Wagen und war voller Freude über die Erlösung. Und als sie ein Stück des Wegs gefahren waren, hörte der Königssohn, dass es hinter ihm krachte, als wäre etwas zerbrochen.

Da drehte er sich um und rief:

„Heinrich, der Wagen bricht.“

„Nein, Herr, der Wagen nicht,
es ist ein Band von meinem Herzen,
das da lag in großen Schmerzen,
als ihr in dem Brunnen saßt,
als ihr ein Frosch wart.“

Noch einmal und noch einmal krachte es auf dem Weg, und der Königssohn meinte immer, der Wagen bräche, doch es waren nur die Bande, die vom Herzen des treuen Heinrich absprangen, weil sein Herr erlöst und glücklich war.

Vom Wert des Versprechens und der Notwendigkeit des Vertrauens

Vertrauen und Verlässlichkeit sind wichtige Eckpfeiler in Beziehungen. Ohne Vertrauen ist keine gute und funktionierende Beziehung möglich.

Wie gehen Sie selbst mit dem Thema Vertrauen um? Sind Sie vorsichtig und voller Zweifel, weil Sie früher enttäuscht wurden, oder sind Sie in der Lage, jemandem vorbehaltlos Ihr Vertrauen zu schenken? Wie nimmt Ihr Kind Sie wohl wahr: Muss es sich Vertrauen verdienen und bekommt es notfalls auch mehr als eine Chance? Wie immer sind Sie das große Vorbild Ihres Kindes. Lesen Sie zum Thema Vertrauen auch in den Kapiteln *Warheit und Lüge* sowie *Teamwork und Zusammenhalt* (Seite 30 ff. bzw. Seite 68 ff.).

Darum geht es in *Der Froschkönig oder der eiserne Heinrich*

Der Prinzessin fällt ihr liebstes Spielzeug in den Brunnen. Inmitten ihrer Verzweiflung taucht ein Frosch aus dem Brunnen auf und bietet hilfsbereit an, die goldene Kugel wieder herauszuholen. Doch nur gegen ein Versprechen: Er möchte mit der Prinzessin ins Schloss, mit ihr gemeinsam essen und trinken und in ihrem Bett schlafen, denn er ist einsam.

Kleine Symbolkunde

Weshalb ein **Frosch**, was bedeutet er? Frösche gehören zu den Tieren, die sowohl an Land als auch im Wasser leben können. Er entsteht aus einer Kaulquappe, die nur im Wasser überleben kann, und durchläuft bis zu seiner Statur als Frosch eine wundersame Verwandlung. So steht er als Symbol der Metamorphose (Wandlung). In unserem Kulturkreis wird der Frosch oft mit etwas „Dunklem", „Schlüpfrigen" in Verbindung gebracht, wohingegen er in anderen Kulturen für Glück und Fruchbarkeit steht. Wo der Frosch im Märchen auftaucht, wird auf jeden Fall bald etwas in Gang kommen, so wie auch im Märchen des Froschkönigs.

„Was gibst du mir, wenn ich dir helfe?" Oft steht dieser Satz unausgesprochen im Raum, und gerade wenn jemandem in der Not geholfen wird, erscheint es nur gerecht, wenn der andere einen Ausgleich für seine Mühe erhält. Der Prinzessin ist jedes Mittel recht, wieder an ihr Spielzeug zu kommen, und ohne einen Gedanken an die Gefühle des Helfers und die Konsequenzen zu verschwenden, willigt sie leichtfertig ein. Als sie vom Frosch ihre Kugel zurückerhält, denkt sie gar nicht daran, ihr Versprechen einzulösen, und läuft ohne ihn nach Hause. Dieser macht sich jedoch auf den beschwerlichen und demütigenden Weg zur Prinzessin und erinnert sie an ihr Versprechen. Spätestens wenn der andere eine Gegenleistung erwartet, zeigt sich, welchen Wert unsere Versprechen wirklich haben. Kindern muss dieser Wert erst einmal vermittelt werden. Der Weg vom egoistischen Kleinkindleben zum sozialen Miteinander ist

weit und verlangt von Eltern das Vorleben eines wertschätzenden und verlässlichen Umgangs mit anderen. Dementsprechend unterstützt der König das Verhalten seiner Tochter zu ihrem Erschrecken nicht und verlangt von ihr, das Versprechen einzuhalten: „Was du versprochen hast, musst du auch halten." Der Frosch isst und trinkt mit ihr und wünscht dann in ihrem Bett zu schlafen. Er will ganz und gar an ihrem Leben teilhaben und auch intime Lebensbereiche wie Essen, Trinken und Schlafen mit ihr teilen. Die Prinzessin wird „bitterböse".

Pssst – hier ist wieder die Emotion, die anzeigt, dass gleich etwas passiert!

Der Frosch bringt die Prinzessin mit seinen Forderungen an eine deutliche Grenze. So wie auch der Vater, der auf die Einlösung ihres Versprechens pocht. Im Moment der größten

einzustehen und sie zu verteidigen, zeigt es einen gesunden Entwicklungsschritt, den Sie respektieren und gutheißen sollten, selbst wenn das für Sie einen schmerzlichen Einschnitt bedeutet und Sie von nun an die gewohnte natürliche Intimität vermissen werden.

Prinz und Prinzessin verlieben sich und der junge Mann nimmt die Prinzessin mit in sein Schloss. Auf dem Weg ins Reich des Prinzen gelingt es dem Diener Heinrich, die engen Eisenringe um sein Herz zu sprengen; auch er ist nun befreit.

Versprechen und das damit verbundene Verhalten haben oftmals nicht nur Auswirkungen auf die unmittelbar beteiligten Personen, sondern auch auf ihr Umfeld. Hätte die Prinzessin ihr Versprechen nicht doch noch eingelöst, wäre der Prinz heute noch Frosch und der Diener Heinrich in seinen Eisenfesseln gefangen.

Wut lehnt sie sich gegen beide auf. Auch Kinder brauchen irgendwann ihre eigene Grenze der Intimsphäre, sie brauchen ihren eigenen Raum, in dem sie Herr über ihr Leben sind und der von anderen respektiert wird. Ekel, Verzweiflung, Wut und der Wunsch nach Respektierung ihrer Grenze lässt die Prinzessin den Frosch an die Wand klatschen. Eine durch und durch gesunde Reaktion, denn dadurch konnte eine Erlösung geschehen – nicht nur beim Frosch, sondern auch bei der Prinzessin. Sie befreit sich von ihrer Wut und wird mit dem „Erscheinen" des Prinzen belohnt. Der muss nicht länger als Frosch leben, sondern wird von seinem Zauber befreit und erhält obendrein noch eine schöne junge Frau. Alte Zustände werden beendet, alte Muster aufgebrochen, es beginnt eine neue Zeit. Wenn Ihr Kind beginnt, für seine Privatsphäre

Fragen an Kinder zum Märchen:

★ Muss man immer halten, was man versprochen hat? Gibt es Ausnahmen?

★ Wie geht es dir, wenn jemand sein Versprechen an dich nicht hält?

★ An was sollte man denken, bevor man ein Versprechen gibt?

★ Hättest du dich anstelle des Frosches getraut, ins Schloss zu hüpfen, um an das Versprechen zu erinnern?

★ Hättest du anstelle der Prinzessin auch auf den König gehört?

★ Warum ist der König so streng?

Übungen & Spiele

Blindes Vertrauen

Bilden Sie Teams mit je zwei Personen. Einer der beiden Personen werden die Augen verbunden, die andere Person wird zum „Blindenführer". Der „Blindenführer" lotst seinen Teampartner nun durch einen kleinen aufgebauten Parcours. Dabei ist es möglich, den „blinden" Partner durch dauerhaftes Führen sicher zu geleiten oder nur durch sanfte Berührungen auf der betreffenden Seite des Körpers vor einem Hindernis die Bewegungsrichtung ändern zu lassen. Rechter Arm bedeutet dabei „rechts", linker Arm „links", Brust „Stopp!" und Rücken „Los!"

Dieses Spiel stärkt die Achtsamkeit und das Vertrauen in einen Partner. Eine Erweiterung wäre, die Kommandos nur noch verbal zu geben: „Pass auf, gleich kommt ein Stein – geh jetzt einen Schritt rechts, nun wieder einen Schritt links, …"

Diese Übung umfasst gleich mehrere Bereiche des Erlebens. So ist es für das Kind mit den verbundenen Augen eine Übung zum Fallenlassen und Vertrauenaufbauen, aber auch für das Einfühlen in die Welt eines blinden Menschen. Auch das Kind, das die Kommandos gibt, macht vielschichtige Erfahrungen. Auf diese Weise lernt es, mit Verantwortung, Feingefühl und Empathie einen anderen Menschen zu führen und ihm auf seinem Weg zu helfen. Für Kinder kann es ein tolles Gefühl sein, einmal Erwachsene verantwortlich zu führen.

Sinneslauf im Wald

Spannen Sie im Wald ein Seil beliebiger Länge. Es sollte nicht zu kurz sein, damit Zeit für die Wahrnehmung bleibt, aber auch nicht zu lang, damit das Ziel sicher erreicht werden kann. Verbinden Sie Ihrem Kind die Augen und lassen Sie es am gespannten Seil entlanglaufen. Dabei soll es auf seine Wahrnehmungen achten und in selbstbestimmtem Tempo das andere Ende des Seils erreichen.

Dieses Spiel nutzt das Seil als Symbol des Geführtwerdens und schult die Aufmerksamkeit, selbst mit den Füßen Hindernisse zu ertasten und mit allen Sinnen gemeinsam den Weg wahrzunehmen.

Zusammenhalt

Zwei Mitspieler erhalten die Aufgabe, gemeinsam einen Gegenstand (z. B. einen Pappendeckel, einen Stift oder ein Holzklötzchen) zwischen die Handaußenflächen zu klemmen und sich zusammen so durch den Raum zu bewegen, dass der Gegenstand nicht herunterfällt. Dabei darf nicht gesprochen werden, die Bewegungskoordination muss gemeinsam erfühlt werden. Je besser diese Koordination klappt, desto schwieriger kann der Parcours werden. Spannende Variationen sind das Klemmen des Gegenstands zwischen einzelne Finger, Knie oder Fußknöchel. Fortgeschrittene können das Spiel mit verbundenen Augen ausprobieren.

Trauer

Jn Zeiten von SMS und Chat reicht oft ein einziges Symbol, um ein ganzes Wirrwarr an Gefühlen auszudrücken: ein Smiley mit herabgezogenen Mundwinkeln. Dabei sind die Gründe für eine traurige Stimmung vielfältig und nicht nur auf „große Ereignisse" wie etwa die Trennung der Eltern oder den Tod eines geliebten Menschen oder Tieres beschränkt.

Jorinde und Joringel

Es war einmal ein altes Schloss mitten in einem großen, dichten Wald, darin wohnte eine alte Frau ganz allein, das war eine Erzzauberin. Am Tage verwandelte sie sich zur Katze oder zur Nachteule, des Abends aber wurde sie wieder wie ein Mensch gestaltet. Sie konnte das Wild und die Vögel herbeilocken und dann schlachtete sie, kochte und briet sie. Wenn jemand auf hundert Schritte dem Schloss nahe kam, so musste er stillstehen und konnte sich nicht von der Stelle bewegen, bis sie ihn lossprach; wenn aber eine keusche Jungfrau in diesen Kreis kam, so verwandelte sie dieselbe in einen Vogel und sperrte sie dann in einen Korb ein und trug den Korb in eine Kammer des Schlosses. Sie hatte wohl siebentausend solcher Körbe mit so seltenen Vögeln im Schloss.

Nun war einmal eine Jungfrau, die hieß Jorinde; sie war schöner als alle anderen Mädchen. Sie und ein gar schöner Jüngling namens Joringel waren sich gegenseitig versprochen. Sie waren in den Brauttagen, und sie hatten ihr größtes Vergnügen eins am anderen. Damit sie nun einmal allein zusammen reden könnten, gingen sie im Wald spazieren. „Hüte dich", sagte Joringel, „dass du nicht so nahe ans Schloss kommst." Es war ein schöner Abend, die Sonne schien zwischen den Stämmen der Bäume hell ins dunkle Grün des Waldes, und die Turteltaube sang kläglich auf den alten Maibuchen.

Jorinde weinte zuweilen, setzte sich hin im Sonnenschein und klagte. Joringel klagte auch. Sie waren so bestürzt, als wenn sie hätten sterben sollen; sie sahen sich um, waren irre und wussten nicht, wohin sie nach Hause gehen sollten. Noch halb stand die Sonne über dem Berg, und halb war sie unter. Joringel sah durchs Gebüsch und sah die alte Mauer des Schlosses nah bei sich; er erschrak und wurde totenbleich. Jorinde sang:

„Mein Vöglein mit dem Ringlein rot
singt Leide, Leide, Leide:
Es singt dem Täubelein seinen Tod,
singt Leide, Lei- – zicküth, zicküth, zicküth."

Joringel sah nach Jorinde. Jorinde war in eine Nachtigall verwandelt, die sang: „Zicküth, zicküth." Eine Nachteule mit glühenden Augen flog dreimal um sie herum und schrie dreimal: „Schu, hu, hu, hu."

Joringel konnte sich nicht regen – er stand da wie ein Stein, konnte nicht weinen, nicht reden, nicht Hand noch Fuß regen. Nun war die Sonne untergegangen; die Eule flog in einen Strauch, und gleich darauf kam eine alte krumme Frau aus diesem hervor, gelb und mager: große rote Augen, krumme Nase, die mit der Spitze ans Kinn reichte. Sie murmelte, fing die Nachtigall und trug sie auf der Hand fort. Joringel konnte nichts sagen, nicht von der Stelle kommen; die Nachtigall war fort.
Endlich kam das Weib wieder und sagte mit dumpfer Stimme: „Grüß dich, Zachiel[1], wenn 's Möndel ins Körbel scheint, bind lose, Zachiel, zu guter Stund."
Da konnte Joringel sich wieder regen. Er fiel vor dem Weib auf die Knie und bat, sie möchte ihm seine Jorinde wiedergeben, aber sie sagte, er sollte sie nie wiederhaben, und ging fort.
Er rief, er weinte, er jammerte, aber alles umsonst.
„Uuh, was soll mir geschehen?" Joringel ging fort und kam endlich in ein fremdes Dorf; da hütete er die Schafe lange Zeit. Oft ging er rund um das Schloss herum, aber nicht zu nahe daran vorbei.

Endlich träumte er einmal des Nachts, er fände eine blutrote Blume, in deren Mitte eine schöne große Perle war. Die Blume brach er ab, ging damit zum Schloss. Und alles, was er mit der Blume berührte, ward von der Zauberei frei; auch träumte er, er hätte seine Jorinde dadurch wiederbekommen.

Des Morgens, als er erwachte, fing er an, durch Berg und Tal zu suchen, ob er eine solche Blume fände; er suchte bis an den neunten Tag, da fand er die blutrote Blume früh am Morgen. In der Mitte war ein großer Tautropfen, so groß wie die schönste Perle. Diese Blume trug er Tag und Nacht bis zum Schloss.
Wie er auf hundert Schritt nahe bis zum Schloss kam, da ward er nicht fest, sondern ging fort bis ans Tor. Joringel freute sich sehr, berührte die Pforte mit der Blume, und sie sprang auf.

---

1 Hier könnte möglicherweise der Erzengel Zachariel gemeint sein, der in apokryphen Schriften vorkommt

Er ging hinein, durch den Hof, horchte, wo er die vielen Vögel vernähme; endlich hörte er sie. Er ging und fand den Saal, darin war die Zauberin und fütterte die Vögel in den siebentausend Körben. Wie sie den Joringel sah, ward sie bös, sehr bös, schalt, spie Gift und Galle gegen ihn aus, aber sie konnte auf zwei Schritte nicht an ihn herankommen. Er kehrte sich nicht an sie und ging, besah die Körbe mit den Vögeln; da waren aber viele Hundert Nachtigallen, wie sollte er nun seine Jorinde wiederfinden? Indem er so zusah, merkte er, dass die Alte heimlich ein Körbchen mit einem Vogel wegnahm und damit zur Türe ging. Schnell sprang er hinzu, berührte das Körbchen mit der Blume und auch das alte Weib – nun konnte sie nichts mehr zaubern, und Jorinde stand da, hatte ihn um den Hals gefasst, so schön, wie sie ehemals war. Da machte er auch all die anderen Vögel wieder zu Jungfrauen, und dann ging er mit seiner Jorinde nach Hause, und sie lebten lange vergnügt zusammen.

Schmerz erfahren und loslassen

Neben großen Ereignissen wie der Trennung der Eltern oder dem Tod eines geliebten Menschen oder Tieres fordern auch kleinere alltägliche Begebenheiten Kinder wie Eltern heraus: Heimweh, Umzug, der Verlust von Freunden oder einem Kuscheltier, Schulwechsel ...

Obwohl die Trauer etwas ist, was wir möglichst zu vermeiden suchen, ist sie doch ein wichtiges und notwendiges Instrument, um all die Trennungen und Verluste im Leben zu verarbeiten und den damit verbundenen Schmerz loslassen zu können.

Trauer hat sehr viele Gesichter und zeigt sich nicht immer auf den ersten Blick, deswegen nehmen wir sie manchmal erst spät wahr. Achten Sie auf Ihr Kind: natürlich besonders nach einschneidenden Erlebnissen oder Verlusten, aber auch nach scheinbar kleineren Begebenheiten wie Zerwürfnissen mit einem Freund oder dem Abhandenkommen von geliebten Gegenständen. Alles, was aus dem gewohnten Rahmen Ihres Kindes fällt, kann Traurigkeit verursachen. Ist Ihr Kind ruhiger als sonst oder zieht es sich zurück? Vielleicht wird es leichter wütend oder aggressiv, weint und schreit mehr, wirkt hilflos und gefangen in Schuldgefühlen. Auch Appetitlosigkeit, Verweigern von Essen oder im Gegenteil das Zuviel an Nahrung sind häufig zu beobachten, genau wie Schlafstörungen. Kopfschmerzen, Bauchweh oder Gliederschmerzen zeigen sich oft als körperlicher Ausdruck von Trauer, sollten bei längerem Anhalten jedoch auch medizinisch abgeklärt werden.

Stark werden durch Trauer

Nehmen Sie Ihr Kind unbedingt ernst in seinen Gefühlen. Vermitteln Sie ihm, dass Trauer zum Leben gehört und vor allem eins will: wahrgenommen werden. Am besten sprechen Sie Ihr Kind in ruhiger und entspannter Atmosphäre darauf an, ob es etwas bedrückt. Lassen Sie sich nicht gleich abwimmeln, aber respektieren Sie auch, wenn Ihr Kind ein bisschen mehr Zeit braucht, um über seine Traurigkeit zu sprechen, oder zunächst versucht, sie selbst zu bewältigen. Sowohl das eigenständige Durchstehen der niederdrückenden Gefühle als auch das Sich-Öffnen und Um-Hilfe-Bitten machen stark für die Unruhen des Lebens und schaffen ein Repertoire an Bewältigungsstrategien.

Folgendes soll Ihnen Hilfestellung im Umgang mit Trauer geben:

* Lassen Sie Ihre eigene Trauer und die Ihres Kindes zu und kämpfen Sie nicht dagegen an.

* Kinder brauchen Information und die Bestätigung, dass ihr Gespür und ihre Antennen für die Stimmung der Erwachsenen funktionieren. Leugnen Sie nicht Ihre eigene Trauer, um Ihrem Kind vermeintliche Sicherheit zu geben. Zeigen Sie ihm lieber, dass es seinem Gefühl trauen darf.

* Helfen Sie Ihrem Kind, seine Gefühle auszudrücken: in Worten, aber z. B. auch im Malen, im Handpuppenspiel etc. … Eine Schwierigkeit der Trauer bei Kindern ist, dass diese sie oft nur schwer in Worte fassen können.

* Vermeiden Sie Sätze wie „Das verstehst du noch nicht" oder „Dafür bist du noch zu jung". Wählen Sie stattdessen eine einfache und kindgerechte Sprache. Da auch Kinder schon das Gefühl der Trauer kennen, fallen Ihnen vielleicht sogar zu Ihrer Situation passende Vergleiche aus der Welt Ihres Kindes ein: „Weißt du noch, als Peter nicht mehr dein Freund sein wollte?"

* Trauen Sie sich und Ihrem Kind zu, dass Sie gemeinsam die Trauer überwinden, egal, ob es sich um Ihre eigene handelt oder die Trauer Ihres Kindes. Denken Sie immer auch an die Möglichkeit, Unterstützung aus dem Familien- und Freundeskreis oder aber professionelle Hilfe in Anspruch zu nehmen, wenn Sie allein zu schwer an der Situation tragen.

* Der Tod ist zugleich Ende eines alten Lebensabschnittes und Beginn eines neuen. Vielleicht sind Sie in der Lage, aus der Möglichkeit des Neubeginns Kraft zu schöpfen?

Jede Trauer, egal ob sie durch den Verlust eines geliebten Kuscheltiers oder Abschied von gewohnten Situationen oder Menschen bedingt ist, verlangt eine besondere Zeit der Verarbei-tung, die je nach Persönlichkeit unterschiedlich lang sein kann.

Typischerweise verläuft sie in Phasen, von denen das Märchen *Jorinde und Joringel* erzählt.

Darum geht es in
Jorinde und Joringel

Es ist ein Märchen, das von der Trauer und der Trauerbewältigung erzählt. Obwohl der Junge und das Mädchen zufrieden, glücklich und verliebt sind, wissen sie, dass es im Leben auch Dinge gibt, die eine Herausforderung oder sogar eine Gefahr darstellen.

Auch wir wissen, dass es im Laufe des Lebens Situationen gibt, in denen wir traurig sein werden. In denen unser Mut und unser Vertrauen ins Leben herausgefordert werden. Im Leben von Jorinde und Joringel ist der Bannkreis der Zauberin eine solche Gefahr. Die

Kleine Symbolkunde

Das **Hüten von Tieren** wird im Märchen allgemein mit einer Innenschau und innerer Einkehr verbunden. Hirten leben viele Tage allein mit ihren Tieren und haben viel Zeit, über ihr Leben nachzudenken und sich selbst zu spüren. Tiere bedeuten im Märchen Triebe und Triebhaftes. So zeigt das Hüten der Tiere, dass Joringel lernt, für andere und sich selbst Verantwortung zu übernehmen, und ein Gespür für seine inneren Triebe, Wünschen und Bedürfnissen zu entwickeln.

jungen Leute kennen diese Gefahr und wissen, dass sie sich ganz in ihrer Nähe befinden. Obwohl Joringel versucht, sie beide davor zu beschützen und ihr aus dem Weg zu gehen, passiert das Unglück: Sie kommen dem Schloss der Zauberin zu nah. Jorinde wird in eine Nachtigall verwandelt.

Übermannt von Schrecken und Traurigkeit fühlt sich Joringel der Situation hilflos ausgeliefert. Er wird starr vor Schreck, unfähig, seinen Gefühlen Ausdruck zu verleihen. Er kann nicht weglaufen, weinen oder auch nur über seine Angst sprechen. Erst nachdem er direkt von der Zauberin angesprochen wird, kann er sich langsam aus seiner Erstarrung lösen.

Durch diese direkte Ansprache muss Joringel sich seiner Trauer stellen. Jetzt erst ist er in der Lage, laut zu klagen und zu weinen. Er bittet darum, dass alles ungeschehen sein soll. Aber langsam versteht der Junge, dass er die veränderte Situation und seine Trauer akzeptieren muss, und zieht sich eine Weile zum Schafehüten zurück, sodass er in der Einsamkeit ungestört seinen Gedanken und Gefühlen nachgehen kann.

Es ist nun seine persönliche Herausforderung, einen Weg aus der Traurigkeit zu finden. Immer wieder kehrt er zum Schloss zurück und stellt sich seinem schmerzenden Erlebnis. Er betrachtet es aus verschiedenen Perspektiven, indem er drumherum läuft.

Eines Tages dann träumt Joringel von der Zauberblume, die den Bann der Traurigkeit lösen kann. Er versteht, dass er im Traum die Lösung in sich selbst gefunden hat und die rote Blume für seine ureigene Kraft steht. Der Tautropfen ist das Außergewöhnliche, das seine ganz besondere Situation verdeutlicht, und das Erkennungszeichen, dass es sich um die richtige Blume handelt.

Joringel vertraut diesem Traum, seiner inneren Stimme und Kraft, und wird nach dieser Zeit der Niedergeschlagenheit und Trauer wieder aktiv. Er findet heraus, wie er seinem Leben neuen Sinn geben und die Zeit der Trauer überwinden kann. So schafft er es schließlich, Jorinde zu befreien und über die Zauberin und die Traurigkeit zu siegen.

Als er dieses Mal der Zauberin begegnet, ist er reifer und kann sich ihr stellen. Er erstarrt nicht, sondern befähigt sich seiner Sinne. Nur durch seine genaue Beobachtung fällt ihm auf, dass die Zauberin versucht, ein Körbchen heimlich

wegzuschaffen. Er weiß sofort, dass es sich hier nur um seine Jorinde handeln kann, und kann sie so befreien.

Die Phasen der Trauer

Das Märchen zeigt, dass es verschiedene Arten gibt, Trauer zu zeigen, und verdeutlicht die normalen Trauerphasen:

* Erschrecken und Nicht-wahrhaben-Wollen
* Aufbrechen der Emotionen
* In-sich-Gehen
* Abschiednehmen, Loslassen und neue Kraft schöpfen
* Neuorientierung

Es erzählt, wie wichtig es ist, alle Phasen zu durchleben und Zeit und Raum dafür zu erhalten, ganz in sich selbst Kraft zu finden, um die Trauer besiegen und loslassen zu können.

Fragen an Kinder zum Märchen:

* Warum verwandelt die Hexe die Mädchen in Vögel und sperrt sie in Körbe?
* Was fängt sie wohl mit so vielen Vögeln an?
* Wie ging es wohl Jorinde, verwandelt in einen Vogel und eingesperrt? Und wie würdest du dich fühlen?
* Und wie fühlte sich Joringel? Warum konnte er Jorinde nicht befreien?
* Was war das wohl für eine Blume, mit der Joringel seine Jorinde und all die anderen Mädchen befreien konnte?
* Was, glaubst du, geschah mit der Hexe, als die alle Mädchen befreit und fort waren?

Tod

*V*ermutlich hatte Ihr Kind bereits erste Begegnungen mit dem Tod, möglicherweise durch den Verlust eines Haustieres oder Familienangehörigen oder aber durch miterlebte Trauer eines anderen Kindes. Eltern vermeiden oft das Thema Tod und Trauer, um ihr Kind zu schützen. Doch ist das wirklich gut?

Die Boten des Todes

———◇———

Vor alten Zeiten wanderte einmal ein Riese auf der großen Landstraße, da sprang ihm plötzlich ein unbekannter Mann entgegen und rief „Halt! Keinen Schritt weiter!" „Was?", sprach der Riese. „Du Wicht, den ich zwischen den Fingern zerdrücken kann, du willst mir den Weg versperren? Wer bist du, dass du so mit mir reden darfst?"

„Ich bin der Tod", erwiderte der andere. „Mir widersetzt sich niemand, und auch du musst meinen Befehlen gehorchen." Der Riese aber weigerte sich und fing an mit dem Tode zu kämpfen. Es war ein langer, heftiger Kampf, zuletzt behielt der Riese die Oberhand und schlug den Tod mit seiner Faust nieder, sodass er neben einen Stein zusammensank.

Der Riese ging seiner Wege, und der Tod lag da besiegt und war so kraftlos, dass er nicht wieder aufstehen konnte.

„Was soll aus mir werden", sprach er, „wenn ich da in der Ecke liegen bleibe? Es stirbt niemand mehr auf der Welt, und sie wird so mit Menschen angefüllt werden, dass sie nicht mehr Platz haben, nebeneinander zu stehen." Da kam ein junger Mann des Wegs, frisch und gesund, sang ein Lied und blickte fröhlich um sich. Als er den halb Ohnmächtigen erblickte, ging er mitleidig heran, richtete ihn auf, gab ihm aus seiner Flasche einen stärkenden Schluck und wartete, bis er wieder zu Kräften kam.

„Weißt du auch", fragte der Fremde, während er sich aufrichtete, „wer ich bin und wem du wieder auf die Beine geholfen hast?"

„Nein", antwortete der Jüngling, „ich kenne dich nicht."

„Ich bin der Tod", sprach er, „ich verschone niemand und kann auch mit dir keine Ausnahme machen. Damit du aber siehst, dass ich dankbar bin, so verspreche ich dir, dass ich dich nicht überraschend überfalle, sondern dir erst meine Boten schicken werde, bevor ich komme und dich abhole."

„Gut", sprach der Jüngling, „immerhin ein Gewinn, dass ich weiß, wann du kommst, und so lange wenigstens sicher vor dir bin."

Dann zog er weiter, war lustig und guter Dinge und lebte in den Tag hinein. Seine Jugend und Gesundheit hielten nicht lange an, bald kamen Krankheiten und Schmerzen, die ihn bei Tag plagten und ihm nachts die Ruhe nahmen.

„Sterben werde ich nicht", sprach er zu sich selbst, „denn der Tod sendet erst seine Boten, ich wollte nur, die bösen Tage der Krankheit wären erst vorüber." Sobald er sich gesund fühlte, fing er wieder an in Freuden zu leben.

Da klopfte ihn eines Tages jemand auf die Schulter: Er blickte sich um, und der Tod stand hinter ihm und sprach: „Folge mir, die Stunde deines Abschieds von der Welt ist gekommen."

„Wie", antwortete der Mensch, „willst du dein Wort brechen? Hast du mir nicht versprochen, dass du mir, bevor du selbst kommst, deine Boten senden wolltest? Ich habe keinen gesehen."

„Schweig", erwiderte der Tod. „Habe ich dir nicht einen Boten nach dem andern geschickt? Kam nicht das Fieber, rüttelte dich und warf dich nieder? Hat der Schwindel dir nicht den Kopf betäubt? Zwickte dich nicht die Gicht in allen Gliedern? Brauste dir's nicht in den Ohren? Nagte nicht der Zahnschmerz in deinen Backen? Ward dir's nicht dunkel vor den Augen? Über das alles, hat nicht mein leiblicher Bruder, der Schlaf, dich jeden Abend an mich erinnert? Lagst du nicht in der Nacht, als wärst du schon gestorben?" Der Mensch wusste nichts darauf zu sagen, ergab sich in sein Geschick und ging mit dem Tode fort.

Nur die Schatten
machen Angst

Kleine Kinder nehmen den Tod oft als weniger bedrohlich wahr und hinterfragen ihn und seine Bedeutung für das Leben kaum. Eltern versuchen häufig, ihr Kind von diesem Thema abzugrenzen, um es vor dem Schmerz zu bewahren, den sie selbst meist nur zu gut kennen.

Doch vor allem etwas älteren Kindern sollten die Themen Tod und Trauer unbedingt zugemutet werden, denn Klarheit hilft Ihrem Kind beim Begreifen und verhindert, dass die Schatten der Fantasie unnötig Angst schüren. Gerade wenn Sie selbst trauern, sollte Ihr Kind verstehen dürfen, was in Ihnen vorgeht, um die Situation besser einschätzen zu können.

Aber wie und was soll ich darüber reden?

In erster Linie brauchen Kinder einen Menschen, dem sie vertrauen können, dass er ihre Fragen ernst nimmt und ehrlich ist. Der es aushält, wenn ein Thema erst einmal Angst macht. Achten Sie darauf, dass Ihr Gespräch offen, achtsam und behutsam abläuft.

So gehen Sie mit dem Thema Tod im Alltag um:

* Verleugnen Sie den Tod nicht, nehmen Sie die vielen kleinen täglichen Gelegenheiten zum Anlass, das Thema aufzugreifen: ein totes Tier am Straßenrand, eine Tierdokumentation im Fernsehen, ein Todesfall im Bekanntenkreis oder im weiteren Sinne die Jahreszeiten, die das natürliche Werden und Vergehen sehr schön symbolisieren. Wir feiern Geburten und betrauern Todesfälle. Dies gehört unabänderlich zu unserem Leben.

* Zeigen Sie Ihre eigene Trauer und trauen Sie Ihrem Kind zu, mit diesem Gefühl fertig zu werden. Lesen Sie dazu das Kapitel *Trauer* auf Seite 176 ff., um Reaktionen Ihres Kindes einschätzen zu können.

* Nennen Sie den Tod beim Namen und benutzen Sie keine Metaphern wie „Oma ist jetzt für immer eingeschlafen". Ihr Kind könnte Angst entwickeln, nach dem Einschlafen nicht mehr aufzuwachen, oder nachts über Sie Wache halten wollen. Auch Sätze wie „Oma ist jetzt auf einer langen Reise" sind ungünstig, da die Endgültigkeit des Todes nicht deutlich wird. Um falschen Hoffnungen vorzubeugen, verwenden Sie lieber Sätze wie: „Oma ist gestorben. Das bedeutet, dass wir sie nie mehr in den Arm nehmen können. Das macht mich sehr traurig."

* Kinder können sich kaum vorstellen, wie der Tod aussieht. Vielleicht können Sie den Tod eines Haustieres zum Anlass nehmen, Ihrem Kind zu zeigen, wie ein totes Lebewesen aussieht: „Siehst du, die Augen sind geschlossen, es atmet nicht mehr und das Herz schlägt auch nicht mehr. Deshalb wird der Körper ganz kalt."

* Geben Sie dem Tod eine wichtige Funktion im „ewigen Kreislauf": Würde niemand sterben, dann gäbe es keinen Platz für Babys. Aber die Natur möchte, dass wir Babys bekommen, deswegen brauchen wir auch den Tod.

* Erklären Sie, dass meist alte und kranke Menschen sterben: „Junge Leute sterben eher nach einem Unfall oder einer schlimmen Krankheit. Sie haben noch mehr Kraft als alte Menschen, deshalb ist das seltener."

Sie selbst kennen Ihr Kind und können einschätzen, wie tief dieses Gespräch gehen darf und wann Pausen zum Verarbeiten angebracht sind.

Diese folgenden Tipps sollen Ihnen helfen, das Thema evtl. schon vor einem aktuellen Anlass in Ihr Leben zu integrieren, um es später leichter aufgreifen zu können.

Abschiednehmen ist schwer

Entgegen früherer Bräuche wie z. B. der Totenwache, bei der die Verstorbenen einige Tage im Haus aufgebahrt bleiben, werden Kinder heute weniger oft direkt mit dem Tod konfrontiert. Dabei kommt dem bewussten Abschiednehmen eine wichtige Rolle zu, die das Trauern sehr erleichtern kann. Experten raten daher, Kinder nicht zu fragen, ob sie zur Beerdigung mitgehen wollen, dies würde man ja meist beim 70. Geburtstag des Opas auch nicht tun. Ein selbst geschriebener/diktierter Abschiedsbrief, ein gemaltes Bild oder eine selbst ausgesuchte Blume könnten ein

Kinder trauern anders

Suchen Sie nach dem Tod eines Angehörigen das Gespräch mit Ihrem Kind und warten Sie nicht, bis es auf Sie zukommt. Es ist wichtig, dass Ihr Kind keine Fantasien bildet, die ihm Angst machen. Doch seien Sie sich auch bewusst, dass Ihr Kind vielleicht nicht sehr viel Redebedarf hat. Kinder trauern anders als Erwachsene, Momente des Traurigseins wechseln oft schnell mit Momenten der Freude ab. Gestehen Sie Ihrem Kind seine eigene Art und Zeit der Trauer zu.

Symbol des Abschieds für Ihr Kind sein, das es bei der Beerdigung niederlegt.

Ist Oma jetzt im Himmel?

Egal ob Sie einer Konfession angehören oder nicht: Versuchen Sie, sich klar zu werden, woran Sie selbst glauben. Was ist der Tod für Sie und wie geht es danach weiter?

Erzählen Sie Ihrem Kind, woran Sie selbst glauben. Das kann trösten und Kraft geben. Auch der Glaube anderer Religionen kann für Ihr Kind hier interessant sein. Wenn es für Sie möglich ist, dann drängen Sie Ihrem Kind nicht Ihren Glauben auf, sondern lassen es seine eigene Vorstellung entwickeln, solange diese im weiteren Sinne positiv ist. Vielleicht sitzt der Verstorbene auf einer Wolke und guckt von oben auf die Welt, vielleicht fährt er aber auch Ski auf den Wolkenbergen – Fantasie ist erlaubt, wenn es Ihr Kind tröstet. Seine religionsgebundene Vorstellung vom Tod wird möglicherweise erst später an Bedeutung gewinnen und sich im Zuge der religiösen oder religionsfreien Erziehung ändern.

Woran glauben die verschiedenen großen Religionen?

Eine kurze Zusammenfassung soll Ihnen einen Überblick über den Glauben verschiedener Religionen geben. Da es in jeder der Religionen Unterströmungen und ganz spezielle Feinheiten gibt, ist die Zusammenfassung nicht vollständig. Doch sie bietet Ihnen eine grobe Gegenüberstellung der einzelnen Glaubensrichtungen und kann Ihnen so evtl. Hilfestellung geben, Ihre eigene Haltung zu diesem komplexen Thema zu entwickeln.

Christentum

Christen glauben an die Auferstehung von den Toten und das ewige Leben. Jesus Christus, Gottes Sohn, lebt mit Gott im Himmel, wo auch die Toten hinkommen, die durch Jesu Tod von ihren Sünden erlöst wurden. Im früheren Christentum gehörte das Jüngste Gericht und die Hölle als Ort der Bestrafung für begangene Sünden noch als fester Bestandteil zum Glauben. Heute glaubt nur noch ein kleiner Teil der Christen daran.

Judentum

Nach jüdischem Verständnis ist der Tod wie eine Nacht zwischen zwei Tagen. Dem Tag unserer Welt und dem Tag des ewigen Lebens. Allerdings gibt es verschiedene Vorstellungen davon, wie es danach weitergeht: Manche glauben, dass der Mensch direkt nach dem Tod vor Gottes Gericht steht. So kann die Seele des Menschen weiterleben. Andere glauben, dass alle Toten am Tag des Jüngsten Gerichts wiederauferstehen. Gott lässt ihre Körper dann wieder lebendig werden.

Islam

Mit dem Tod tritt der Mensch in eine Übergangsphase zwischen Tod und Wiedererweckung ein. Der Tod führt den Menschen wieder zu Gott. Der Körper stirbt zwar, aber die Seele ist unsterblich und wird von zwei Engeln vor das Gottesgericht geführt.

Dort entscheidet sich, ob die Seele in das Paradies oder in die Hölle eingeht und dort auf den Tag der Wiedererweckung, des Jüngsten Gerichts, wartet.

Hinduismus

*H*indus glauben an die Wiedergeburt nach dem Tod. Und das nicht nur einmal, sondern viele Male. Sie glauben, dass sie als Mensch oder als Tier wiedergeboren werden können. Wie oft und in welcher Gestalt Menschen wiedergeboren werden, hängt davon ab, wie viel gutes oder schlechtes Karma sie im Leben sammeln können. Das sind die positiven und negativen Energien, die durch gute oder schlechte Taten entstehen. Wenn genug gutes Karma angehäuft werden konnte, kann der Hindu in das Nirwana eintreten, das ewige Paradies.

Buddhismus

*D*er Buddhismus hat verschiedene Strömungen. Doch alle Buddhisten glauben, dass sie wiedergeboren werden. Das kann als Mensch, Tier, Pflanze oder sogar Dämon, Geist oder (Halb-)Gott sein. Buddhisten streben zu Lebzeiten den Zustand der Erleuchtung an, der durch Meditation und das Loslassen der irdischen Begierden erreicht wird. Wer diesen erlangt hat, wird nicht mehr wiedergeboren, sondern darf ins Nirwana eintreten. Nach Auffassung der Buddhisten ist das Nirwana jedoch kein Ort wie Himmel oder Hölle, sondern ein Zustand, in dem die Wünsche, Begierden und Vorstellungen der Menschen nicht mehr wichtig sind. Sie sind vollkommen frei.

Was kann meinem Kind noch helfen?

*B*itten Sie Angehörige, Freunde oder psychologische Therapeuten und Trauerbegleiter um Unterstützung, vor allem auch, wenn Sie selbst vom Thema Tod und Trauer betroffen sind. Trauergruppen und Kinderbücher zum Thema Tod können ebenfalls sehr hilfreich sein.

Darum geht es in
Die Boten des Todes

Einem Riesen begegnet der Tod in Menschengestalt. Da der Tod kleiner ist als er und noch dazu recht harmlos aussieht, weigert sich der Riese, ihm zu gehorchen. Er beginnt einen Kampf, bei dem er den Tod besiegt und verwundet zurücklässt.

Der Tod überlegt, was aus der Welt werden soll, wenn niemand mehr stirbt, weil er besiegt wurde. Es würde auf der Erde bald keinen Platz mehr geben, weil zu viele Menschen auf ihr leben. So erklärt der Tod selbst seine wichtige Aufgabe. Er muss das Gleichgewicht auf der Erde erhalten. Ein junger Mann findet ihn so verletzt und hilft ihm wieder auf die Füße, woraufhin sich der Tod zu erkennen gibt: „Ich bin der Tod und verschone niemanden." Er kann und will auch hier keine Ausnahme machen, weil seine Arbeit einfach zu wichtig ist.

Doch als Dank für die Hilfe verspricht er dem jungen Mann, dass er ihn nicht überraschend holen wird, sondern ihm Boten sendet, die ihm sein Erscheinen ankündigen.

Der Tod macht ein entgegenkommendes Angebot, denn viele Menschen scheuen den überraschenden und plötzlichen Tod. Das Bedürfnis, sich auf das Sterben vorzubereiten und zum „richtigen Zeitpunkt" zu sterben, ist tief und grundlegend.

177.
Die Boten des Todes.

Vor alten Zeiten wanderte einmal ein Riese auf der großen Landstraße, da sprang ihm plötzlich ein unbekannter Mann entgegen, und rief 'halt! keinen Schritt weiter!' 'Was,' sprach der Riese, 'du Wicht, den ich zwischen den Fingern zerdrücken kann, du willst mir den Weg vertreten? Wer bist du, daß du so keck reden darfst?' 'Ich bin der Tod,' erwiederte der andere, 'mir widersteht niemand, und auch du mußt meinen Befehlen gehorchen.' Der Riese aber weigerte sich, und fieng an mit dem Tode zu ringen. Es war ein langer heftiger Kampf, zuletzt aber behielt der Riese die Oberhand, und schlug den Tod mit seiner Faust nieder, daß er neben einen Stein zusammensank. Der Riese gieng seiner Wege, und der Tod lag da besiegt, und war so kraftlos, daß er sich nicht wieder erheben konnte. 'Was soll daraus werden,' sprach er, 'wenn ich da in der Ecke liegen bleibe? es stirbt niemand mehr auf Erden, und sie wird so mit Menschen angefüllt werden, daß sie nicht mehr Platz haben neben einander zu stehen.' Indem kam ein junger Mensch des Wegs, frisch und gesund, sang ein Lied, und warf seine Augen hin und her. Als er den halbohnmächtigen erblickte, gieng er

Kleine Symbolkunde

Das **Kämpfen und Ringen mit dem Tod** ist ein altes Märchen- und Mythenmotiv, das wir auch in moderner Literatur und Filmen finden. Es beschäftigt und fasziniert Menschen wohl von jeher. Doch selten ist es so, dass der Tod überwunden werden kann. Meistens wird nur ein vorübergehender Aufschub gewährt oder, wie hier im Märchen, eine Vereinbarung getroffen.

Damit ist der junge Mann zufrieden, denn er sieht ein, dass der Tod seine Arbeit tun muss, will aber jeden Tag bis dahin genießen. Dann wird der junge Mann krank; Fieber, Schmerzen und die Gicht machen ihm das Leben schwer. Doch er nimmt diese Krankheiten nicht ernst und denkt gar nicht daran, dass es sich hierbei um die Boten des Todes handeln könnte. Da steht eines Tages der Tod vor ihm, um den Mann zu sich zu holen. Dieser ist verwundert und diskutiert mit dem Tod, dass er sich nicht an sein Versprechen gehalten und Boten gesendet habe. Doch der Tod ist unerbittlich und zeigt dem Mann auf, dass er viele Boten gesandt hat: Jede Krankheit und jeder Schmerz waren einer davon. Nur hat er eben nichts darauf gegeben. Der Mann erkennt dies an und geht mit ihm.

Er hat begriffen, dass jeder Mensch eines Tages mit dem Tod gehen muss, egal, ob wir mit ihm kämpfen oder ihn retten. Ohne den Tod gibt es keinen Platz für das Leben – damit gehören Tod und Leben untrennbar zusammen.

> ### Fragen an Kinder zum Märchen:
>
> * Warum kann der Riese den Tod bezwingen?
> * Warum holt der Tod den jungen Mann, obwohl der ihm geholfen hat? Wie sähe die Welt aus, wenn es keinen Tod gäbe?
> * Wo begegnet dir der Tod im täglichen Leben? (Blumen, Jahreszeiten, Tiere …)
> * Welche Vorstellung vom Tod würde dir helfen, nicht mehr so traurig zu sein?

Kinder verarbeiten den Tod

Wenn Kinder „Beerdigung" spielen

Eltern sind es gewöhnt, ihre Kinder beim Rollenspiel zu erleben. „Vater, Mutter, Kind", Einkaufsladen, Kinderküche, … Kinder ahmen viele Bereiche des täglichen Lebens spielerisch nach.

Doch erschrecken Eltern meist, wenn sie ihr Kind dabei beobachten, wie es seine Puppen oder Stofftiere „beerdigt". Das kann von einem bloßen „In-den-Karton-Legen" bis hin zu einer ganzen Trauerzeremonie reichen, je nachdem, was Ihr Kind bereits gesehen oder erlebt hat oder was in seiner Fantasie möglich ist.

So wie die nachgespielten Alltagssituationen zum tiefen Begreifen der einzelnen Vorgänge führen, integrieren Kinder auch einschneidende, manchmal schmerzliche Erlebnisse über das Nachspielen in ihr Leben. Dies hilft ihnen, Umstände und deren Bedeutung für ihr Leben zu erfassen, Zugang zu ihren Gefühlen zu erhalten und die Situation im Ganzen zu verarbeiten.

Seien Sie also weder schockiert noch beunruhigt, wenn die Puppe im Karton verschwindet und unter abgerupften Blümchen im Sandkasten begraben wird.

Wenn kein tieferes Problem mit der Verarbeitung von Tod und Trauer vorherrscht, wird Ihr Kind schon bald wieder fröhlich für seine Puppe einkaufen und kochen.

Trauer- und Beerdigungszeremonien

Auch wenn ein geliebtes Haustier stirbt, kann eine Trauer- oder Beerdigungszeremonie helfen, Abschied zu nehmen. Vielleicht finden Sie gemeinsam mit Ihrem Kind einen Rahmen, in dem das Tier im Garten, Wald oder auf einem Tierfriedhof beerdigt werden kann. Dazu gehört dann z. B. die Wahl der Kleidung, ein Lied oder Gedicht, Blumen, ein bestimmtes Essen usw. Ihr Kind könnte evtl. einen Stein schön bemalen, um das Tiergrab zu kennzeichnen. Falls es sich um Tiere handelt, die nicht in der Natur beerdigt werden können oder dürfen, können Sie die Zeremonie entsprechend angepasst vornehmen und sich auf die Trauerfeier beschränken. Bitte ersparen Sie Ihrem Kind jedoch den letzten Weg zum Tierarzt. Es sollte sich zu Hause verabschieden dürfen oder aber erst nach einem evtl. notwendigen endgültigen Schritt vom Tod des Tieres erfahren.

Achtsamkeit

Im Hier und Jetzt: Jeder Moment birgt alle Erfahrungen
unserer Vergangenheit in sich und all die Möglichkeiten,
den nächsten Moment neu zu gestalten und zu erleben.
Er ist weder gut noch schlecht und will nur bewusst erlebt werden,
um im nächsten Moment zu einer Erfahrung zu werden.
Dieses bewusste Erleben nennt man Achtsamkeit.

Der Wolf und die sieben jungen Geißlein

Es war einmal eine alte Geiß, die hatte sieben junge Geißlein. Sie hatte sie lieb wie eine Mutter ihre Kinder. Eines Tages wollte sie in den Wald gehen und Futter holen, da rief sie alle sieben herbei und sprach: „Liebe Kinder, ich will hinaus in den Wald, seid auf der Hut vor dem Wolf. Wenn er hereinkommt, so frisst er euch mit Haut und Haar. Der Bösewicht verstellt sich oft, aber an seiner rauen Stimme und an seinen schwarzen Füßen werdet ihr ihn gleich erkennen." Die Geißlein sagten: „Liebe Mutter, wir wollen uns schon in Acht nehmen, Ihr könnt ohne Sorge fortgehen." Da meckerte die Alte und machte sich getrost auf den Weg.

Es dauerte nicht lange, da klopfte jemand an die Haustür und rief: „Macht auf, ihr lieben Kinder, eure Mutter ist da und hat jedem von euch etwas mitgebracht!" Aber die Geißlein hörten an der rauen Stimme, dass es der Wolf war.

„Wir machen nicht auf", riefen sie. „Du bist unsere Mutter nicht, sie hat eine feine und liebliche Stimme, deine Stimme aber ist rau; du bist der Wolf."

Da ging der Wolf fort zu einem Krämer und kaufte sich ein großes Stück Kreide; er aß es auf und machte damit seine Stimme fein. Dann kam er zurück, klopfte an die Haustür und rief: „Macht auf, ihr lieben Kinder, eure Mutter ist da und hat jedem von euch etwas mitgebracht!"

Aber der Wolf hatte seine schwarze Pfote in das Fenster gelegt, das sahen die Kinder und riefen: „Wir machen nicht auf, unsere Mutter hat keinen schwarzen Fuß wie du; du bist der Wolf!"

Da lief der Wolf zu einem Bäcker und sprach: „Ich habe mir den Fuß gestoßen, streich mir Teig darüber." Als ihm der Bäcker die Pfote bestrichen hatte, so lief er zum Müller und sprach: „Streu mir weißes Mehl auf meine Pfote."

Der Müller dachte: „Der Wolf will jemanden betrügen", und weigerte sich, aber der Wolf sprach: „Wenn du es nicht tust, fresse ich dich!" Da fürchtete sich der Müller und machte ihm die Pfote weiß. Ja, so sind die Menschen.

Nun ging der Bösewicht zum dritten Mal zu der Haustür, klopfte an und sprach: „Macht auf, Kinder, euer liebes Mütterchen ist heimgekommen und hat jedem von euch etwas aus dem Walde mitgebracht!"

Die Geißlein riefen: „Zeig uns zuerst deine Pfote, damit wir wissen, dass du unser liebes Mütterchen bist."

Da legte der Wolf die Pfote ins Fenster, und als sie sahen, dass sie weiß war, so glaubten sie, es wäre alles wahr, was er sagte, und machten die Türe auf. Wer aber hereinkam, war der Wolf. Die Geißlein erschraken und wollten sich verstecken. Das eine sprang unter den Tisch, das zweite ins Bett, das dritte in den Ofen, das vierte in die Küche, das fünfte in den Schrank, das sechste unter die Waschschüssel, das siebente in den Kasten der Wanduhr. Aber der Wolf fand sie alle und machte nicht langes Federlesen: Eins nach dem andern verchluckte er; nur das jüngste in dem Uhrenkasten fand er nicht. Als der Wolf seinen Hunger gestillt hatte, ging er fort, legte sich draußen auf der grünen Wiese unter einen Baum, um zu schlafen.

Nicht lange danach kam die alte Geiß aus dem Wald wieder heim. Ach, was musste sie da erblicken! Die Haustür stand sperrangelweit auf, Tisch, Stühle und Bänke waren umgeworfen, die Waschschüssel lag in Scherben, Decke und Kissen waren aus dem Bett gezogen. Sie suchte ihre Kinder, aber nirgends waren sie zu finden. Sie rief sie nacheinander beim Namen, aber niemand antwortete. Endlich, als sie das jüngste rief, da rief eine feine Stimme: „Liebe Mutter, ich stecke im Uhrenkasten." Sie holte es heraus, und es erzählte ihr, dass der Wolf gekommen wäre und die anderen alle gefressen hätte. Da könnt ihr euch denken, wie sie um ihre armen Kinder geweint hat!

Endlich ging sie in ihrem Jammer hinaus und das jüngste Geißlein lief mit. Als sie auf die Wiese kamen, so lag da der Wolf an dem Baum und schnarchte, dass die Äste zitterten. Die Geißenmutter betrachtete ihn von allen Seiten und sah, dass sich in seinem angefüllten Bauch etwas regte und zappelte. Ach, dachte sie, sollten meine armen Kinder, die er als Mahlzeit hinuntergewürgt hat, noch am Leben sein?

Da musste das Geißlein nach Hause laufen und Schere, Nadel und Zwirn holen. Dann schnitt sie dem Ungetüm den Bauch auf, und kaum hatte sie einen Schnitt getan, so streckte schon ein Geißlein den Kopf heraus, und als sie weiterschnitt, so sprangen nacheinander alle sechs heraus, waren noch am Leben und hatten nicht einmal Schaden erlitten, denn das Ungetüm hatte sie in seiner Gier ganz hinuntergeschluckt.

Das war eine Freude! Da herzten sie ihre liebe Mutter und hüpften herum wie ein Schneider, der Hochzeit hält.

Die Alte aber sagte: „Jetzt geht und sucht Wackersteine, damit wollen wir dem gefräßigen Tier den Bauch füllen, solange es noch im Schlaf liegt."

Da schleppten die sieben Geißlein in aller Eile die Steine herbei und steckten sie ihm in den Bauch, so viel wie sie hineinbrachten. Dann nähte ihn die Alte in aller Geschwindigkeit wieder zu, dass er nichts merkte und sich nicht einmal regte.

Als der Wolf endlich ausgeschlafen hatte, stellte er sich auf die Beine, und weil ihm die Steine im Magen so großen Durst bereiteten, so wollte er zu einem Brunnen gehen und trinken. Als er aber anfing zu gehen und sich hin und her zu bewegen, so stießen die Steine in seinem Bauch aneinander und rappelten. Da rief er:

> „Was rumpelt und pumpelt
> in meinem Bauch herum?
> Ich meinte, es wären sechs Geißelein,
> Doch sind's lauter Wackerstein."

Und als er an den Brunnen kam und sich über das Wasser bückte und trinken wollte, da zogen ihn die schweren Steine hinein, und er musste jämmerlich ertrinken. Als die sieben Geißlein das sahen, kamen sie eilig herbeigelaufen und riefen laut: „Der Wolf ist tot! Der Wolf ist tot!" und tanzten mit ihrer Mutter vor Freude um den Brunnen herum.

Das Wunder der Achtsamkeit

*D*urch Achtsamkeit gelingt es, all die Kleinigkeiten wahrzunehmen, die Wunder bewirken können, die glücklich machen, die uns aber auch vor Gefahren schützen.

Achtsamkeit bedeutet, im Hier und Jetzt ganz bewusst den eigenen Körper mit seinen Gefühlen zu spüren und Geräusche, Bewegungen und Geschmack der Umwelt wahrzunehmen und zu beobachten, ohne gleich in „Gut" oder „Schlecht" einzuteilen.

Meist sind wir darauf getrimmt, schnelle Entscheidungen zu treffen, Reize auszublenden und über Gefühle hinwegzugehen, weil der Alltag dies scheinbar verlangt. Die Folgen sind Gefühle von Unzufriedenheit und Gehetztsein oder körperliche Beschwerden wie Schmer-

zen, Erschöpfung. Fehlentscheidungen sind häufige Begleiter.

Die Achtsamkeit ist ein guter Freund der „inneren Stimme" und hilft dadurch im Alltag, Gefahren zu erkennen und einzuschätzen. Dies ist gerade in Zeiten von Internet, Chat und Vergrößerung des sozialen Netzwerks wichtig, wo wir oft auf unser Bauchgefühl angewiesen sind, um zu entscheiden, wem wir Zugang zu Informationen geben und wem nicht.

Sensibilisieren Sie Ihr Kind – über die allgemeine Aufklärung der sicheren Internetbenutzung hinaus – für diese innere Stimme, die vor Gefahr warnt, damit es nicht böswillig getäuscht wird und es ihm so ergeht wie im Märchen *Der Wolf und die sieben jungen Geißlein*.

Darum geht es in
Der Wolf und die sieben jungen Geißlein

Eine Ziegenmutter muss Essen für ihre Familie besorgen und lässt daher ihre sieben Kinder allein zu Haus. Doch sie beschwört diese, vorsichtig zu sein und auf den bösen Wolf zu achten: Wenn sie ihn einließen, würde er alle töten. Sie erklärt ihnen, dass sie den Wolf an seiner rauen Stimme und den schwarzen Füßen erkennen würden.

Kurze Zeit später, nachdem die Mutter gegangen ist, steht der Wolf vor der Tür und versucht, die Kinder zu täuschen. Doch diese erkennen den Wolf an Stimme und Füßen und öffnen ihm nicht. Da sie ihm jedoch Hinweise geben, weiß der Wolf, was er ändern muss. Er lässt sich weißes Mehl auf die Pfote stäuben

Kleine Symbolkunde

Bestimmt wurden für das Märchen nicht zufällig **Geißlein** gewählt. Wie bei kleinen Kindern ist nichts vor ihnen sicher. Sie sind neugierig, lebensfroh und wollen vor allem eins: die Welt entdecken.

und isst Kreide, damit seine Stimme weicher und heller wird. So gelingt es ihm, die Kinder zu täuschen, obwohl diese aufmerksam auf alle Zeichen geachtet haben, die ihnen ihre Mutter eingeschärft hatte. Sie lassen den Wolf herein.

Kleine Symbolkunde

Der **Wolf**, der sein Opfer gierig verschlingt, taucht öfters in Märchenmotiven auf, z. B. im beliebten Märchen *Rotkäppchen*. Dort verschlingt der Wolf die Großmutter und das Rotkäppchen in einem. Das Verschlingen ist notwendig, um danach befreit zu werden. Die Befreiten sind „wie neugeboren", wenn sie aus dem Bauch herauskommen, und es kann quasi ein neues Leben beginnen. Würde der Wolf seine Opfer nicht einfach in einem Satz gierig verschlingen, sondern auffressen, könnte niemand mehr gerettet werden.

Wer kennt diese Sorge und Angst um seine Kinder nicht: „Sprich mit keinem Fremden, geh mit niemanden mit, nimm nichts von Fremden an." Doch irgendwann wird auch die Welt außerhalb des schützenden Elternhauses entdeckt. Da ist es wichtig, die Kinder so gestärkt zu haben, dass sie allein zurechtkommen. Sie sollen achtsam und vorsichtig sein, wem sie Vertrauen schenken und damit Einlass in ihr Zuhause, ihr Leben geben. In Zeiten von sozialen Netzwerken im Internet erscheint dies bedeutender denn je. Doch diese Achtsamkeit darf nicht nur an der Oberfläche bleiben. Hätten die Zicklein dem Wolf nicht die entscheidenden Hinweise gegeben, so hätte er es nicht geschafft, sie zu täuschen.

Alles Verstecken hilft nichts, der Wolf findet alle Kinder außer dem jüngsten. Er verschlingt die sechs Geißlein gierig auf einmal und legt sich zufrieden schlafen.

Als die Mutter nach Hause zurückkehrt, findet sie nur ihr jüngstes Geißlein, welches ihr erzählt, was geschehen ist. Als die Mutter nach dem schlafenden Wolf sucht, sieht sie, dass es in seinem Bauch noch zappelt. Beherzt schneidet sie ihm den Bauch auf und kann ihre Kinder retten. Anstelle der Kinder füllt sie nun Steine in den Bauch des Wolfes, der dann durch deren Gewicht ins Wasser fällt und ertrinkt.

Sicher hat dieses Erlebnis die Geißlein gelehrt, in Zukunft besser achtzugeben und sich nicht mehr so leicht täuschen zu lassen. Neben der „zweiten Chance" haben sie auch Erfahrungen gewonnen, die sie nicht vergessen werden.

Das Märchen gibt auf dramatische Weise die Botschaft mit auf den Weg, dass für die persönliche Reifung im Leben manchmal auch Fehler notwendig sind.

Fragen an Kinder zum Märchen:

* Wie hätten die jungen Geißlein sich besser vor dem bösen Wolf schützen können?
* Warum frisst der Wolf die Geißlein so hastig auf?
* Warum findet er wohl das kleinste Geißlein nicht?
* Wie fühlt sich die Mutter, als sie nach Hause kommt und all ihre Geißlein fort sind?
* Warum füllen sie Steine in den Bauch des Wolfes?
* Warum freut sich die Ziegenfamilie so sehr, dass der Wolf in den Brunnen gefallen ist?

Wie bringe ich Achtsamkeit ins Leben?

*D*as Angebot an Büchern und Übungen zum Thema Achtsamkeit ist größer denn je. Hier finden Sie eine Auswahl an Ideen, wie Sie für sich und Ihr Kind Achtsamkeit in den Tag einbauen können, um daraus Kraft zu schöpfen. Allen gemeinsam ist, dass Sie etwas Training brauchen. Vermutlich waren Sie so erfolgreich darin, sich nicht mehr individuell und wertfrei wahrzunehmen, dass Sie jetzt auch eine Weile brauchen, den Spieß wieder umzudrehen.

Hier also gleich die erste Übung: Haben Sie Geduld mit sich selbst und integrieren Sie die Übungen allein und gemeinsam mit Ihrem Kind als Rituale fest in Ihren Alltag! Erwarten Sie nichts Bestimmtes. Achtsamkeit kann verschieden aussehen und sich verschieden anfühlen. Der Weg ist das Ziel!

Übungen für mehr Achtsamkeit

* *Das bewusste Atmen:* Atmen Sie drei- bis viermal bewusst bis tief in den Bauch hinein, bevor Sie an ein klingelndes Telefon gehen oder wenn Sie an der Schlange vor der Kasse des Supermarkts stehen. Welche Muskeln werden dadurch lockerer? Empfehlen Sie Ihrem Kind, diese kleine Übung in seinen Alltag zu integrieren, z. B. vor jeder neuen Schulstunde. Durch das lange Sitzen wird die Atmung automatisch flacher. Lassen Sie es nach einer solchen Atemübung auf seine Empfindung und Wahrnehmung achten – viele fühlen sich erfrischt und „klar im Kopf".

* *Erdbeerübung:* Nehmen Sie eine kleine Erdbeere ganz in den Mund und schließen Sie die Augen. Betasten Sie sie mit der Zunge, beobachten Sie, was in Ihrem Mund vorgeht. Was passiert mit Ihrem Speichel, was können Sie schmecken? Lutschen Sie, beißen Sie sacht darauf, schmecken und beobachten Sie weiter, bis Sie die Erdbeere irgendwann schlucken. Funktioniert übrigens auch mit Rosinen, Schokolade, …
  Übertragen Sie diese Übung auf Ihre Mahlzeiten: Wie riecht und schmeckt das Essen, was passiert beim Kauen in Ihrem Mund und Körper? Machen Sie ein Spiel daraus und tauschen Sie sich im Familienkreis aus.

* „Frieren" Sie mal kurz ein und nehmen wahr, wie Sie gerade sitzen/liegen, während Sie dies hier lesen: Wo haben Ihre Füße Kontakt zur Unterlage? Wo spüren Sie Kontakt unter dem Gesäß, den Schulterblättern, was machen Ihre Arme, Schultern, Hände, …? Verändern Sie nichts, bis Sie sich wahrgenommen haben, und denken Sie kurz darüber nach, was Sie verändern wollen und warum, bevor Sie es dann tun.

* *Der ruhige Ort:* Setzen oder legen Sie sich hin, legen die Hände auf den Bauch und spüren, wie dieser sich von ganz allein im eigenen Rhythmus hebt und senkt und Sie ruhiger werden. Sprechen Sie innerlich mit: „Ich atme ein, ich atme aus." Wie fühlt sich Ihr Körper an? Welche Gefühle nehmen Sie wahr? Vielleicht schaffen Sie es gerade am Anfang noch nicht, Ihren Kopf vollkommen freizubekommen. Schenken Sie aufkommenden Gedanken kurz Beachtung, dann lassen Sie sie wieder los und kehren zum Anfang der Übung zurück. Wenn Sie „Ich atme ein, ich atme aus" denken, ist nicht mehr viel Platz für andere Gedanken.

* Üben Sie mit Ihrem Kind besonders, Gefühle wahrzunehmen. Freude kitzelt vielleicht am Gaumen, Glück kribbelt manchmal im Bauch, Traurigkeit schnürt den Hals zu und Wut brodelt – ja, wo denn? Sprechen Sie darüber, so werden schöne Momente gewürdigt und schlechten wird die unbewusste Macht entzogen.

* Spielen Sie „Ich sehe was, was du nicht siehst" oder „Ich fühle was, was du nicht fühlst". Schulen Sie spielerisch Ihre Sinne und Ihre Aufmerksamkeit.

* *Der Weg ist das Ziel*: Gehen Sie ein paar Meter bafüß und achten bewusst darauf, wie Sie Ihre Schritte setzen, wie Sie Ihre Füße abrollen, wie Sie beim Gehen atmen etc.

Auf den Spuren der Brüder Grimm

Im Gegensatz zur landläufigen Meinung haben die Brüder Grimm Märchen nicht selbst verfasst, sondern sie in liebevoller Arbeit gesammelt und niedergeschrieben.

Jacob Ludwig Grimm (1785–1863) und Wilhelm Carl Grimm (1786–1859) begannen ca. 1806, die Märchen, Volkslieder und Sagen zu sammeln, die heute als Grimm'sche Märchensammlung (*Kinder- und Hausmärchen*) bekannt sind. Sie trugen die bisher hauptsächlich mündlich überlieferten Geschichten aus unterschiedlichen europäischen Ländern, die ihnen von vielen verschiedenen Leuten erzählt wurden, zusammen und überarbeiteten sie später sprachlich im Stil der herrschenden Zeit. Dorothea Viehmann (1755–1815) war dabei eine ihrer wichtigsten Quellen. Die Gastwirtstochter hugenottischer Abstammung trug etliche französische Märchenvariationen zur Sammlung der Brüder Grimm bei, von durchreisenden Kauf- und Fuhrleuten und

Handwerkern hörte sie in der Gaststube viele Geschichten, Sagen und Märchen, die sie im Laufe der Zeit ebenfalls an Jacob und Wilhelm weitergab.

Ein weiterer bekannter zeitgenössischer „Märchensammler" war Ludwig Bechstein (1801–1860).

Doch den Brüdern, vor allem aber Wilhelm Grimm ist es zu verdanken, dass durch die Niederschrift der Sammlung die Geschichten weiterverbreitet wurden und durch die kritische Untersuchung der Herkunft und Entwicklung der Volksmärchen die Märchenkunde als Wissenschaft begründet werden konnte.

Nach zunächst einzelnen und gemeinsamen Veröffentlichungen von überliefertem Volksgut kam 1812 der erste Band der *Kinder- und Hausmärchen* der Brüder Grimm heraus. 1815 erschien der zweite Band. In den folgenden Jahren wurden die Bände mehrfach überarbeitet und neu aufgelegt: Manche Märchen wur-

den entfernt, andere neu hinzugefügt oder inhaltlich dem Zeitgeist entsprechend verändert. 1822 erschien ein dritter Band der *Kinder- und Hausmärchen*, der Anmerkungen zu den ersten beiden Bänden enthielt.

Die *Kinder- und Hausmärchen* waren ein so großer Erfolg für die Brüder, dass heute viele andere veröffentlichte Werke, wie z. B. *Die deutsche Heldensage*, im Vergleich dazu nahezu unbekannt sind. Jacob Grimm hatte als Sprachwissenschaftler zudem großen Erfolg mit seinen Werken der *Deutschen Grammatik*. Sein Buch *Deutsche Mythologie* hatte später großen Einfluss auf die Mythenforschung.

2005 wurden die Grimm'schen Handexemplare der *Kinder- und Hausmärchen* in das Weltdokumentenerbe der UNESCO aufgenommen.

Wer sich detaillierter für das Leben und Wirken der Brüder Grimm interessiert, findet im Brüder-Grimm-Museum und bei der Brüder-Grimm-Gesellschaft in Kassel Informationen und spannende Ausstellungen.

Weitere Grimm'sche Märchen zu den hier ausgewählten Themen

◀◦▶

KHM = Kinder- und Hausmärchen der Brüder Grimm.

In der Gesamtausgabe sind 200 Märchen verzeichnet. Die Ziffer zeigt an, an welcher Stelle das Märchen zu finden ist.

Achtsamkeit	Der Wolf und die sieben Geißlein KHM 5
	Die Bienenkönigin KHM 62
	Frau Holle KHM 24
	Rotkäppchen KHM 26
Anderssein und Behinderung	Hans mein Igel KHM 108
	Das Eselein KHM 144
	Das Mädchen ohne Hände KHM 31
	Die sechs Schwäne KHM 49
	Die sieben Raben KHM 25
Angst und Mut	Hänsel und Gretel KHM 15
	Die Bremer Stadtmusikanten KHM 27
	Märchen von einem, der auszog, das Fürchten zu lernen KHM 4
	Fundevogel KHM 51
	Das Wasser des Lebens KHM 97
	Das tapfere Schneiderlein KHM 20

Versprechen und Vertrauen	Der Froschkönig oder der eiserne Heinrich KHM 1
	Frau Holle KHM 24
	Die sechs Schwäne KHM 49
	Das Wasser des Lebens KHM 97
Einsamkeit	Die Sterntaler KHM 153
	Hans mein Igel KHM 108
	Das Mädchen ohne Hände KHM 31
	Der Eisenofen KHM 127
	Rapunzel KHM 12
	Allerleirauh KHM 65
	Die Nixe im Teich KHM 181
Fleiß und Faulheit	Frau Holle KHM 24
	Die drei Spinnerinnen KHM 14
	Die faule Spinnerin KHM 128
Geduld	Frau Holle KHM 24
	Der Hase und der Igel KHM 187
	Die sechs Schwäne KHM 49
	Jorinde und Joringel KHM 69
	Rapunzel KHM 12

Leistungsdruck	Der Hase und der Igel KHM 187
	Aschenputtel KHM 21
	Hänsel und Gretel KHM 15
	Rumpelstilzchen KHM 55
	Die sechs Schwäne KHM 49
Wahrheit und Lüge	Rumpelstilzchen KHM 55
	Marienkind KHM 3
Mobbing	König Drosselbart KHM 52
	Die Bienenkönigin KHM 62
	Aschenputtel KHM 21
Teilen	Die Sterntaler KHM 153
	Der Froschkönig oder der eiserne Heinrich KHM 1
Neid	Schneewittchen KHM 53
	Aschenputtel KHM 21
	Frau Holle KHM 24
	Brüderchen und Schwesterchen KHM 11

Patchworkfamilie	Aschenputtel KHM 21
	Frau Holle KHM 24
	Der Teufel mit den drei goldenen Haaren KHM 29
Respekt und Zivilcourage	Die Bienenkönigin KHM 62
	König Drosselbart KHM 52
Teamwork	Die Bremer Stadtmusikanten KHM 27
	Der Hase und der Igel KHM 187
	Die drei Spinnerinnen KHM 14
	Hänsel und Gretel KHM 15
	Brüderchen und Schwesterchen KHM 11
Tod	Die Boten des Todes KHM 177
	Der Gevatter Tod KHM 44
Trauer	Jorinde und Joringel KHM 69
	Die Sterntaler KHM 153
	Dornröschen KHM 50
	Rapunzel KHM 12
	Die Nixe im Teich KHM 181
	Fundevogel KHM 51

Diese Themen lassen sich noch in den ausgewählten Märchen entdecken

KHM = Kinder- und Hausmärchen der Brüder Grimm.

In der Gesamtausgabe sind 200 Märchen verzeichnet. Die Ziffer zeigt an, an welcher Stelle das Märchen zu finden ist.

Aschenputtel	Patchworkfamilie und Toleranz
	Geschwisterrivalität
KHM 21	Neid
Buch S. 86 ff.	Hochmut
	Demütigung
	Rücksichtslosigkeit
	Ehrgeiz
	Um Hilfe bitten
	Selbstbewusstsein
	Gerechtigkeit
	Tod/Trauer

Der Froschkönig oder der eiserne Heinrich KHM 1 Buch S. 166 ff.	Versprechen und Vertrauen Emotionen Einsamkeit Treue Gehorsam Konsequenz Intimität Prinzipientreue Zuverlässigkeit
Der Hase und der Igel KHM 187 Buch S. 58 ff.	Leistungsdruck Konkurrenzdenken/-druck Hochmut Ehrgeiz Selbstvertrauen Kreativität und clevere Lösungen Teamwork Familiärer Zusammenhalt
Der Wolf und die sieben jungen Geißlein KHM 5 Buch S. 202 ff.	Achtsamkeit Vertrauen und Vorsicht Elterliche Fürsorge
Die Bienenkönigin KHM 62 Buch S. 132 ff.	Respekt und Zivilcourage Mobbing Rücksichtslosigkeit Ignoranz Toleranz Dankbarkeit Verantwortung Naturverbundenheit

Die Boten des Todes KHM 177 Buch S. 190 f.	Tod Werden und Vergehen (Der Lauf des Lebens) Hilfsbereitschaft Zivilcourage
Die Bremer Stadtmusikanten KHM 27 Buch S. 70 ff.	Teamwork Angst und Mut Freundschaft Respekt Optimismus und Zuversicht Seinen Platz in der Welt finden
Die Sterntaler KHM 153 Buch S. 80	Teilen Einsamkeit Urvertrauen
Frau Holle KHM 24 Buch S. 154 ff.	Fleiß und Faulheit Geduld Rücksichtslosigkeit Neid Geschwisterrivalität Entscheidungsfreiheit (Freiwilligkeit und Zwang) Dankbarkeit/Undank Gerechtigkeit
Hans mein Igel KHM 108 Buch S. 144 ff.	Anderssein und Behinderung Einsamkeit Mobbing Ausgrenzung Seinen Platz in der Welt finden

Hänsel und Gretel KHM 15 Buch S. 44 ff.	Angst und Mut Selbstvertrauen Geschwisterliebe Trennung von Eltern Essstörung Kreativität Vertrauen und Vorsicht
Jorinde und Joringel KHM 69 Buch S. 178 ff.	Trauer Selbstvertrauen (auf die innere Stimme/seine Träume hören) Grenzen Geduld Durchhaltevermögen
König Drosselbart KHM 52 Buch S. 118 ff.	Mobbing Hochmut Demut Leichtfertigkeit Konsequenz Gerechtigkeit Lernfähigkeit
Rumpelstilzchen KHM 55 Buch S. 32 ff.	Wahrheit und Lüge Hilflosigkeit Wut Teuflische Pakte Dinge beim Namen nennen
Schneewittchen KHM 53 Buch S. 102 ff.	Neid Eitelkeit Selbstsucht Freundschaft/Fürsorge

Register

Bildnachweis

Boley, Birgit: 3, 5–7, 31–34, 38 o. r., 42–49, 52, 56–61, 64 o. l., 68–72, 74 o. r., 78–80, 81 u. r., 84–93, 95 u. r., 100–110, 113, 116–122, 126 o. r., 130–134, 136 u. l., 142–147, 148 u. r., 152–157, 162 o. l., 164–171, 172 u. l., 176–181, 184 u. l., 188–191, 197 o. r., 200–205, 207 o. r., 215–218, 223–224; **djd/deutsche journalisten dienste:** djd/JEH Verlag 53, djd/Karstadt Quelle Versicherungen 211; **dpa picture alliance, Frankfurt:** 38 u. l., 96, 126 u. l., 162, 173, 207; **fotolia.com:** Elena Schweitzer 8; Dan Race 9; Franz Pfuegl 12; Christian Stoll 13; Ermolaev Alexandr 16; stillkost 18; contrastwerkstatt 20, 67; Claudia Paulussen 21; detailblick 22, 66; Ella 23; Brebca 26; photophonie 28; Ivanna Buldakova 50; Ndezhda!906 55; Gorilla 62; kmiragaya 63; Christian Schwier 73; Kzenon74 o. r.; Chepko Danil 75; fothoss 77; Antonio Gravante 82; Dmitry Naumov 98; elisabetta figus 112; sonya etchison 114; Zippl W. 115; alephnull 125 u. r.; Eric Isselée 128; MAK 129; brozova 141; dmitrimaruta 158; Mykola Velychko 159; suslo 174; pegbes o.; Jule_Berlin 187; kartos 195; ashumskiy 206; Finanzfoto 213; **Getty Images:** Image Source 37; **iStockphoto.com:** VMJones 10; jarenwicklund 35; Stock Image 40; Marina_Di 51; mbbirdy 81 o. r.; TatyanaGl 95 o. l.; vgajic 99, 161; michelle_d 111; Figure8Photos 123; Andrez Rodriguez 125 o. l.; SeanShot 136 o. r., Yupiramos Group 138, 139; JanMika 140; MivPiv 148; ozgurdonmaz 151; mediaphotos 160; brytta 185; FrankyDeMeyer 192; InesWiehle 199, hankscorpio 209; **mauritius images:** 27, 97, 135, 172; **pixelio.de:** Peter Habereder 149, Hans Heinl 193; **shutterstock.com:** CREATISTA 36; joannawnuk 54; Jouke van Keulen 83, GO BANANAS DESIGN STUDIO 196; **stockxchng:** christiem 157, Sirgain 182; **Zauaghi, Youssef:** 25